松浦弥太郎的工作术

[日]松浦弥太郎——著
Matsuura Yataro
まつうらやたろう

富雁红——译

江苏凤凰文艺出版社
JIANGSU PHOENIX LITERATURE AND ART PUBLISHING

前言
称为“工作术”未免夸张

禅语有云：三级浪高鱼化龙。

这句话我是从非常尊敬的作家立松和平先生的著作中学到的。

意思是说，龙门有三道瀑布，如果能够努力跃过龙门瀑布，鲤鱼也能够化身为龙。我真心地相信这句话。

在这本书出版之际，请允许我介绍一下本书的写作意图。

我既非成功人士，亦非亿万富翁，也并没有什么特别的智慧和技术。写这本书的目的，并不是为了介绍某种秘诀或方法，抑或传授如何工作才能青云直上的经验。

其实，我认为一位四十几岁的人的经验，不足以去教导和指点别人。希望大家理解。

那么，到底为什么要写这本书呢？

我想无论是谁，都曾经跃跃欲试，想跳过龙门吧。

我们先来说说步入社会，与社会的“大齿轮”

进行初次啮合的时候吧。就业的时候、跳槽的时候，抑或是升职的时候……这些都是我们自己的小小梦想一步步实现的时刻。要想跃过社会这个汹涌的瀑布并不容易。但即使被冲击得左右摇摆，也要一点点地奋力向上。在这个过程中，虽然有时会筋疲力尽，甚至跌落到起点，让自己伤痕累累。但即便如此，也要努力跃过最终的瀑布。虽然你现在只是一条不起眼的鲤鱼，但也要拥有化身为龙的梦想。

就我目前的人生经历而言，也正处于朝着瀑布飞跃的阶段。在这个过程中，我也曾被瀑布的激流所打败，无法逆流而上，也曾感觉已经坚持不住，一次次地跌落到瀑布之下。尽管如此，我还是一次又一次地重新振作精神，不断地向瀑布发起挑战。

当时我最苦恼的就是不明白自己为什么无法像其他人那样轻松跃过瀑布呢？自己缺少些什么呢？

在那些痛苦的日子里，这些疑问始终困扰着我。

诗人里尔克曾经说过：“活着就是持续的烦恼。持续的烦恼是活着的证据，也是一种幸福。绝不要试图去寻求答案。”

所谓人生，就是每天都在持续烦恼，直到生命终止。那么，不断挑战瀑布的过程，就是坚定地直面烦恼和忧虑，最终摆脱烦恼，豁然开朗的过程，这就是生活。我们只要做到心态平和，一心一意地持续向上努力就好。

多年来，在不断跨越瀑布的日子里，我一直在笔记本上记录着自己所知道的、学到的以及自己认为重要的、有所发现的、令人感动的内容。我将这些内容总结在这本书中。

这本书献给那些从现在开始想要持续不断地挑战瀑布的人，以及已经超越于我之上的人。我将自己在挑战瀑布的过程中所学到的东西，均记录在这本书中，希望通过分享这些有血有肉的具体事例，对大家能够有所帮助，也借此促进对自身的激励，这是本书的真正意图。

我发现了一件重要的事情，要想持续不断地挑战瀑布，就要对自己所遇到的任何困难都经常抱有怀疑的态度，要培养对困难的好奇心和兴趣，以坦诚之心来面对。不能因为遇到困难就放弃，也不要推诿责任、自欺欺人。如果能够做到这些并始终坚持不懈，终有一天，你必将找到黑暗之中的那盏明灯。不要放弃，一点点去接近瀑布之巅吧！

人们在诸多烦恼和迷茫中走向未来，这些烦恼和迷茫也决定着我们的未来。没关系的，我们大家都一样，都是一次次冲上瀑布又跌落下来，跌落之后又重新向上冲，周而复始、反反复复。

目录

第一章
什么是工作

第二章
快乐工作、享受生活的方法

第三章
工作离不开人际关系

第四章
工作的思考与构思

第五章
不被时间追赶，不受信息干扰

第六章

设计自己的职业生涯

结束语

第一章

什么是工作

工作就是让自己成为有用之人

自己的行为，能够对他人有所帮助。

自己拥有的某些东西，能够为他人带来幸福。

简而言之，我认为工作的目的就在于此。我认为工作并不是一种个人喜好，而是一种把自己与社会紧密联系在一起的活动。

“我一直在努力做我喜欢的事情。”

有些人会这样说，并对此感到满足。但仅凭这一点还不能将其称为工作。

“我已经这么努力了，但却得不到认可……”

虽然有些人对此表示不满，但这是理所当然的。

无论音乐、艺术，还是料理，都是如此。

即使由于自己喜欢而拼命努力，但如果制作的歌曲无法打动人心，完成的艺术作品不能让人心动，做出的料理也没有人在吃完以后感到幸福，就谈不上是一种工作了。如果不能成为对社会有用的人，即使再怎么拼命，也只不过是自以为是的自我满足而已。

这不仅限于创意性工作。

公司的销售、SE、财务以及服务行业都是一样的。如果仅仅以自我为中心完成个人任务，即使能力再强，也不能视为完成了本质意义上的工作。只有将自己的能力运用于组织和顾客，拥有造福社会的意识，才是连接个人与社会的不可或缺的条件。

在人与人的关系中，如果没有树立帮助他人的意识，那么无论做什么都不会成为一项“工作”。反之，无论多么微不足道的事情，只要能够找到让自己对社会有所贡献的方法，就可以成为自己的工作——这是我在十几岁时就学到的规则。

高中辍学后，我往返于美国和日本之间讨生活，为了赚钱，我也曾在建筑工地进行体力劳动。

那个时候，我无书可读，无权无势，也没有工作。既没有想做的事，也没有擅长的事。自暴自弃，不知道自己到底是为了什么而活着，几乎陷入走投无路的绝境。

当时的我，为了寻找自己存在的理由，无论多么微小的事情，只要能够使他人得到快乐，我就会尽全力去做。

像我这样一无是处的人，要想使他人得到快乐，似乎是个很难的课题。但其实一点儿都不难，在我每天打工的建筑工地就能够轻易地找到。

比如老板让我去买烟，当我飞奔着买回来的时候，老板夸奖说："哇，这么快啊。"当时，这句话令我高兴得心潮澎湃，真实地感受到了自己是个对他人有用的人。

无论是身强力壮的男人做的沉重的搬运建材的

工作，还是连小孩子都能做的买罐咖啡的事情，只要全心全意去做，就能给他人带来快乐。

可能有人认为这不就是单纯的体力劳动吗？但是，这对于一无是处且一无所有的我来说，不管自己做什么，只要能够切身感受到自己对别人是有用的，就是一种无比的幸福。

这也许是因为高中辍学后，我感觉自己被社会所淘汰，为了获得别人的认可才如此拼命努力的缘故吧。抑或是源于自我经历所产生的根深蒂固的自卑感。但是，我认为无论做什么，只要能帮助到别人，让他人得到快乐，就能够使我得到新生。

我经营二手书店也是如此。是为了给设计师或摄影家等真正需要这些书的人，提供那些被埋没在世界各个角落的很难寻找的旧书。寻找书籍并不是我擅长的事，但是当他人真的因此得到了帮助的时候，这件事情就已经变成了我的一份伴随着巨大喜悦的工作。

写文章也是一样。并不是作者一个人在单纯地码字，而是通过发表自己的思考和想法使他人受益，这样才能称之为工作。

《生活手帖》主编的这份工作也是如此，这本杂志凝聚了我和编辑部所有人的感动，希望读者因此得到快乐，得到幸福。

因此，不要过于纠结自己想做什么，而是要思考自己能为社会做出怎样的贡献。我们最终的目标是通过自己的工作使他人获得幸福。只要记住这点，就能够对工作做出正确的选择，每天的工作方式也会发生变化。

“从零开始”才能进步

我们经常能够听到这样的话：只要有了这份工作，就一辈子吃穿不愁了。

在某种程度上用这句话来定义工作，似乎并没有错。

但是，如果你希望能够学到更多东西，取得更大的进步，想打造一个全新的自己，那么还是忘掉这种对工作的定义比较好。

比如，我长期从事写作工作和书商生意，是一个自由职业者。所有的事情都需要自己一个人完成，我也因此学到了很多与此相关的知识。

无论什么事我都会努力想出办法，即使只有自己一个人，我也相信我可以靠自己活下去。

满足感、安全感和自信心，以及一些自尊心。

这些感受对于工作来说很重要，但有时也会阻碍你的进一步成长。

只有暂时忽略这些感受，找出自己的不足之处，才能始终保持全新的自己，才能取得进步。

就我而言，一旦忽略了这些情绪和感受，很快就发现自己的不足之处，那就是我不擅长在团体组织中工作。我不曾与他人共同完成某个项目，因此在与他人合作方面的经验非常欠缺。

所以，当我受邀担任《生活手帖》的主编时，我感到了某种恐惧。因为我知道自己不擅长与人合作，而担任《生活手帖》主编的工作，如果缺乏团队合作，根本无法完成。

需要在团体组织中工作，而且是空降到这种我完全没有经验的未知领域，我有种恐惧感。

自己已经四十多岁，还必须要去经历未曾经历过的事情，为此我感到不安和困惑。

迄今为止，我一直生活在二手书店经营和写作的世界里，在这个领域，只要提到“松浦弥太郎”这个名字，虽然谈不上是业界翘楚，但也小有名气，拥有一定的地位，因此，我的大部分工作都可以按照自己的想法去做。

但是，如果担任一个未知领域的杂志主编，在这个行业里，无论我如何自报家门，都不会有任何效果。至今为止积累下来的种种经验和声誉，也根本得不到任何人的认可和尊敬。

尽管如此，我依然接受了邀请。这是因为我想要学习新的事物以弥补自己的不足，并希望自己不断进步。同时，也是想表达对信任我的杂志社的感谢之情。

要想从零开始进入一个全新的世界，就必须向别人请教。

“我要从零开始做起，请多多指教，让我多多学习。”

像这样放下身段，放低姿态的时候，不需要什么自尊心。相反，无谓的自尊心反而会阻碍你的发展。

突然进入到一个自己毫无经验的领域，向别人请教自己的不足，这绝不是一件令人愉悦的事情。

但是，一旦进入了陌生的领域，你就可以学习到平时停留在舒适区里学不到的东西，能够发现不同的自己，取得更大的进步。我认为这是一件幸福的事情。

这就好比一个人只学过加法，即便他只会用加法，在生活上也不会有什么问题。但是，如果他发现还有乘法，并决定去学习乘法的话，生活就会变得更加方便了。

只靠加法生活的人和懂得乘法生活的人的区别，就在于他是否决定学习新的知识，仅此而已。如果把“2+2+2”的加法规则全部忘记的话，应该就有勇气去学习“2×3”这一新的规则了吧。

我希望自己即使年龄增长也要保持初心，即使步伐很小也要不断进步。四十多岁开始在团体组织进行全新的工作挑战，即“从零开始”，正是实现这一愿望的机会。

即使你还很年轻，但如果满足于“我已经很厉害了，就这样一直做下去就行了”的阶段，最终结果只能是向下跌落。一旦将目前的成绩设置为人生的“山顶”，今后的人生就只能走下坡路了。

我们要始终朝着高不见顶的山峰攀登。

如果你也想拥有这样的工作方式和生活方式，就要暂时抛弃过去的做法，挑战全新的体验。

要不断磨炼自己擅长的事情

“要不断学习。”

每当有年轻人问我职业生涯和工作方法时，我都会这样回答。大多数人都会点头回应说：“是的，没错。”

但是，当几天后我再遇到他们时，我问道：“怎么样？学习了吗？”却没有一个人回答说：“是的，我学习了。”

在我看来，没有学习还能够如此淡定，这是一件非常可怕的事情，简直令人不可思议。

虽然我不认为“工作＝竞争”，但是在工作中“让自己被选择”是至关重要的。

世界上有很多人从事着和自己同样类型的工作，如果自己未被选中，工作就无从谈起。

一般来说，公司里很多人的业务领域和能力水平都不分上下，如果无法被上司和客户选中，就不能参与这项业务。

想要被选中的方法只有一个。那就是必须不断地学习，坚持不懈地磨炼自己。

但是千万不要误解，“被选中”并不等于“争当第一”。

如果以棒球来举例的话，有的人被选定为 3 号右外野手，而有的人则可能被选定为 7 号一垒手。

如果是我被选为 5 号三垒手的话，我希望我是所有 5 号三垒手中最好的那个。

所谓学习就是要不断磨炼自己擅长的事情。

如果自己完全不适合做“4 号投手”，那么无论你在这方面多么努力钻研，也根本不是真正意义上的学习。

换句话说，当找到适合自己的社会角色后，我希望自己是这个领域中最出类拔萃的那一个。正因为如此，我才会拼命地学习。

因为这个世界上有太多与我的能力不相上下之人，让我随时有种会被取而代之的紧迫感。

“总有一天，我要成为主编。”

“我想写出比他的更好的文章。”

有这些想法的人一定很多。

如果不能每天精进自己，使自己的工作无人能代替的话，就会轻易被人赶超。说实话，我每天都有种危机感。

因此，我每天都在学习，拼命地学。

因为我知道，只要自己稍有懈怠或偷工减料，马上就会被别人超越。

一旦你开始掩饰和欺骗，就算伪装得再好，也很快会被别人替代。这一点我一直铭记于心。

如果你是年轻人，也许你已经发现有很多人已经超过了自己。

即使你已经积累了一定的工作经验，也可能经常会对那些被选中的人羡慕不已。

工作到底是什么？职业生涯是什么？工作的意义又是什么？如果你总是困惑和纠结于这些问题，而什么都不肯学习的话，你就永远在原地踏步，而你周围的人一直在不断奔跑。如果一直这样下去，你眼中的景色永远也不会改变，也永远不会达到你想去的地方。

关于具体的学习方法，将在后面叙述。

如果不学习就只能停留在自己的小世界里，不会有任何进步。

如果只工作不学习，就好像在进行一场成功概率微乎其微的赌博。

仪表整洁、尊重他人

一切工作都需要与人交流，交流中必须要注重礼仪，尊重他人。

无论你是怎样的立场和怎样的身份，如果不能尊重对方，真诚合作就无从谈起。只有真诚的关系才能使工作顺利进行。

对他人表示尊重的最根本体现就是，仪容仪表。

职场中人，不能仅根据自己的喜好和舒适度来决定自己的穿着、打扮。请一定要记住，你心里是否尊重对方，从仪容仪表上一看便知。

和别人见面时，我一定会系领带。

可能很多人一提到“媒体人”，都有一种穿着随意的印象，但其实媒体工作是一种经常要与许多人见面的工作。而且无论是长辈还是晚辈，大部分的见面都是为了从对方那里学习某些知识。

传授我们知识的人是我们应当尊敬的人，因此对我来说，当我想表达对他们的敬意时，系领带就是一种表达尊敬的方式。

如果你是上班族，那么每天系领带是理所当然的。但也要进一步意识到仪容仪表的重要性。并非一定要购买高价的西服，而是要每天都确认自己的仪容仪表是否干净整洁。

有的人酒局喝到很晚，或者通宵熬夜工作，早上可能连脸都不洗就来上班了。还有的人头发还带着睡觉的压痕就来到公司。这样的人，我都会让他们回家去冲个澡再来上班。

即使当天没有与客户见面的计划，但如果仪容仪表不整洁的话，工作的质量也一定会下降。因为在同一个公司的同事也属于与工作相关之人。

我每两周会剪一次头发。如果因为太忙或者嫌麻烦而任由头发长长而置之不理，是我不能接受的。我认为这也是一种仪容仪表的体现。

即使是男性，也需要让自己的皮肤和眼睛都熠熠发光。身体的清洁感与身体状况密切相关，也就是说，健康管理也属于仪容仪表的一环。

在我还很年轻的时候，就学习到了要通过仪容仪表来体现对对方的尊重。

有一次，在一家爵士乐俱乐部里，有一场非常著名的音乐家的演出，我不知道应该穿什么样的衣服去参加，非常苦恼。

有的人认为这是一场特别的音乐会，属于正规场合，所以女性要穿着华丽的礼服，男性要系着黑色的领结。

也有人觉得这是一场爵士音乐会，所以穿着牛仔裤和衬衫等休闲装就来了。

我非常担心自己如果穿得过于休闲，会有些不合时宜。但若穿得非常正式，又怕过于隆重。为此，我很伤脑筋。

礼仪书上说，要结合周围的氛围，能与现场相协调的服装是最好的，但除了红白喜事以外，要做到完全符合“TPO 原则”［是西方人提出的服饰穿戴原则，分别是英文的时间（Time）、地点（Place）、场合（Occasion）三个单词的缩写。要求人们在着装时要以这三个要素为准则］，真是难度相当大的挑战。

这个时候，一位年长的男士对我说：

“你是去听爵士乐的，所以你不用在意别人穿什么，只要穿着你认为对爵士乐者能够表达敬意的服装就行了。”

他告诉我，一流的爵士乐者为了这个音乐会，需要不断地进行练习和学习，为了能够将最精彩的演奏献给观众，他也会将自己的状态调整到最好。当天的主角是他，我们去现场的目的也是为了他。那么，对于这位即将为我们奉上最精彩的演奏的音乐人来说，穿着能够表达我们敬意的服装是最正确的。

从那天开始，我便不再纠结于着装的规则了。

要想向自己周围的人表示尊重，首先要做到仪容仪表干净整洁。能够做到这点，就会懂得在各种场合下该如何正确地选择服装。

工作与车子和鞋子法则

这里的鞋子不仅是指穿在脚上的时候，也包括需要脱鞋的场合，以及别人从远处看的时候，都会觉得“啊，真不错”的鞋子。我在选择鞋子的时候都会考虑到这几点。

车子也是一样，我想要开的车，是那种当你从远处望向停在停车场的车时，会感觉到“哇，太喜欢了”的那种车。

尤其是男人的鞋子和车子的关联度很高。从如何选择，如何保养以及如何使用等方面，都能够体现出一个人的气质修养。而且我认为鞋子是仪容仪表的重中之重，从这个意义上来说，一个人的鞋子和他的工作状态是密切相关的。

如果你对自己当天穿的鞋子没有信心，那么，这一整天都会被白白浪费。

穿着一双又脏又有磨损的鞋，怎么可能做好工作呢？

为了避免这种情况，我会定期地对鞋子进行保养。这样的话，无论什么时候遇到去日料店或宾馆等需要脱鞋的场合时，都不会对周围人失礼，也不使给自己蒙羞。

挑选在职场穿的鞋子时，要避免过于流行的设计。奇形怪状或过于吸引眼球的鞋子，都不适合在职场里穿。我认为便于保养且简约的基本款式的鞋子是最理想的。

有一次我有幸与伦敦的 John Lobb 鞋子专卖店的总经理见面。喜欢鞋子的人都知道，John Lobb 这个鞋子的品牌创立于 1849 年，是殿堂级的手工制作精品。从皮革的裁剪到缝合，到针脚锁边，所有的工序都由工匠技师精心制作。

正因为如此，这个品牌的鞋子价格高昂。就算能够买到，价格也在十几万日元以上。虽说是名店，但如果你抱着一种对名牌的期待而入店，也许会感到失望。因为那里的鞋子都是非常基本的款式。平底鞋、系带鞋、长靴等，几乎毫无设计性，都是怀旧的简单经典款式。

我穿的就是 John Lobb 的鞋子，但我估计不会有人注意到这是一双非常好的鞋子。这双鞋子看起来非常普通，毫不显眼，但正因为如此，才更适合职场中的成熟男性。

John Lobb 的总经理微笑着说：

“高端的鞋子是不需要设计的。虽然有必要进行精心的保养，但如果是一双好的鞋子，不必擦得过于光亮。”

不必擦得明光锃亮，“商品最漂亮的时候，并非刚刚做出来的崭新的时候”，这也许是英国独特的审美意识。他们给我的印象是，比如刚买的一件苏格兰毛呢夹克，一定把它要弄脏一点儿，弄皱一点儿，弄得好像是祖辈传下来的旧衣服一样的时候才穿上。如果买了新车，也要放在路边让雨水淋上一周左右，才假装熟练地开走。

但是，“高端的东西无须设计，也无须光彩照人”。这句话让我很惊讶。这句话所表达的含义是：物质的本质是一切事物的基础，不需要过多装饰。

总经理还说：“John Lobb 的鞋子只要好好保养，就可以天天不间断地穿，可以穿四十年。”

也就是说，假如你在 20 岁时买了一双几十万日元的鞋子，到 60 岁退休为止，每天都可以穿这双鞋子。虽然我不知道上班族的整个职业生涯需要购买多少双鞋子，但这双鞋子可算是很划算的。

如果购买一些与自己的生活方式不相符，过于奢侈的物品，生活会失去平衡。因此如果是年轻人，建议购买两双不同颜色的质量上乘、穿着舒适的鞋子，可以选择黑色和茶色等不同的颜色。如果预算允许购买三双的话，仍要购买两双，但是要把其中一双换成持久耐用的高端鞋子。要好好保养，长期使用。这也正是工作态度的体现。

此外，鞋子也关系到健康管理，这是工作的基础。如果从事销售工作，需要经常走路的话，就更不要吝惜投资了。无论何种职业，高品质鞋子和劣质鞋子，穿着一整天后的疲劳感是完全不同的。同样的一天，心情会因鞋子的不同而产生翻天覆地的变化。

相比服装，鞋子对身体产生的影响更加直接，因此要慎重选择这一工作伙伴。

· 033

遵守约定，养成事事提前的习惯

在社会关系中处处得心应手的方法，其实非常简单。

那就是遵守约定。

只要能做到这一点，无论对方是谁，无论工作多么困难，都能应付自如。如果能够认真遵守约定，总有一天会获得众多信赖。

但是这么简单的事，却有很多人都做不到。

比如，“做好垃圾分类”也属于非常明确的一种社会约定。但是，令人意外的是，在周围无人注意的情况下，很多人都会将早上上班路上喝的咖啡罐随意扔到车站的垃圾桶里，而无视垃圾桶的分类标识。

即使在无人看到的情况下，也会遵守社会规则，不会放任自己随波逐流。这是遵守约定的一种表现。

此外，一旦决定了自己要去做的事情，无论发生什么都要坚持做好。这也是一种遵守约定的姿态。

不迟到是工作中必须要遵守的约定。无论是预约时间，还是提交期限、交货期限，以及所有的截止日期等，都不允许违反。

关于时间管理将在后面叙述，但我们必须要养成提前的习惯。要以“提前”为目标，比如比约定的时间提前到达约定地点，或者在交货日之前提前交货等。

例如，我在写作的时候，会把截稿日期完成作为大前提。但如果能比截稿期限提前三五天交稿的话，对方就能更早地看到原稿，便于他们更有效地开展工作。养成事事提前的习惯，不仅对对方有益，自己也能轻松从容。

而且，这样做不仅遵守了约定，还能够令对方心情愉悦，让工作自然变得轻松顺畅。不仅是工作方面，所有的事情都会朝着积极的方向发展。

还是以写作为例，我总是希望自己不仅能够提前交稿，而且还想让阅读原稿的主编感到高兴。我相信这些也都与读者的幸福息息相关。

特别是在工作中，即使我们能够注意“遵守约定”和“遵守时间”，但很容易忽略背后的“让对方高兴”这一点。

很多人认为：“反正是工作，只要按时把该做的事情做完就可以了。”

有的人认为，如果自己事事都全力以赴，毫无保留，那么就会吃亏，会被人剥削。如果一直怀有这种心态，每天都仅仅例行公事地糊弄工作，看似自己占了便宜，但最终的结果，不要说工作是否能完成得尽善尽美，恐怕连最低限度的义务都不能完成。

在工作中，很多时候如果能够做出百分之八十的成绩，就算可以交差了。但是如果想成为专业人士，就要无视这条合格线。要做百分之百的事，这是职场中的标准规则。

如果可以的话，还可以超越这个标准，以百分之二百为目标去努力。当然了，这里所说的百分之二百并非指物质方面，而是指对方的喜悦度、满意度，给予对方自己的附加价值，让对方感到高兴，这就是我所说的百分之二百。

遵守约定。

遵守时间。

让对方感到高兴。

这是我的工作三原则，它们是一个整体。只要按照这套原则去做，不忘初心，坚持自律，总有一天，你会发自内心地感受到工作的幸福。

工作中的万能之书

我认为每个人的手边都应该一直有几本书，这些书无关喜好，但却是工作中必不可少的。

第一本是《岁时记》[①]。

书中总结了四季的变迁，每年的例行仪式，春夏秋冬各不相同的自然景观，以及每个季节使用的

---

① 日本根据季节用语分类的诗歌俳句注释书。

与生活相关的词语等。

大多数日本人都知道，《岁时记》是一本俳句[①]诗人所使用的季节用语集，但书中一句都没有涉及与季节毫无关联的商业用语。

然而在现实中，我们的季节感已经在不知不觉中被人为制造的消费周期所取代，总是有种违和感。

一到春天，饮料的广告就多了起来，泳衣也开始出现在店里。秋意渐浓，万圣节、圣诞节和跨年的辞旧迎新，便会接踵而至。这样一来，原本的一年四季就变成了由电视、报纸、杂志以及众多的消费市场打造出的完全不同于自然界的季节。这种闹剧，该适时结束了。

---

① 日本的一种古典短诗，类似于中国的绝句，俳句大多有“禅”的意味，并与侘寂、幽玄等日式美学相通。

如果你的手边常备一本《岁时记》，偶尔打开它，就能够找回日本特有的季节之感，能够敏锐地感受到大自然的细微变化，也有助于产生新的想法。

第二本书是亨利·戴维·梭罗的《梭罗语录》（日译本·文游社）。

梭罗是以《森林的生活》（日译本·岩波书店等）一书而闻名的思想家。这本书凝聚了梭罗在大自然中边散步边思索出的精华思想。以我的方式来解释的话，就是“独自前行”。

无论你属于哪里，还是与哪个人在一起，归根结底，你自己这个个体的存在都只能是你一个人，生存的基本单位始终是“个体”。所谓个体，就是自己一个人承担所有的责任。用语言说出来很容易，但在现实中，需要极大的勇气和决心。

梭罗的一生都在不断追求一种不依靠和依赖他人，坚定地用自己的脚一直走下去的生活方式。他的文字是一种精神指引，让那些摇摆不定、失去自信的人，重新坚定地踏上自己的路。

苹果公司的联合创业者史蒂夫·乔布斯在斯坦福大学的毕业典礼上发表的演讲，对工作也是非常有帮助的。虽然这不是一本书，但也流传甚广，众所周知。

这个演讲很精彩，让人百听不厌，把晦涩的内容讲得通俗易懂。在演讲中，乔布斯回顾了自己的前半生，并坦诚地分享了曾遇到过的挫折和他的信念。

乔布斯的话语朴实无华，但却深入人心，可谓是人生导师对后辈们的谆谆教诲。

要有一种真诚的姿态，万事不必奋起直追，而要不断持续挑战。乔布斯在演讲的最后，将下面这句结束语送给自己和毕业生们共勉。我认为，这句话也同样适用于所有职场中人。

Stay hungry, stay foolish.（求知若渴，大智若愚。）

第二章

快乐工作、享受生活的方法

健康管理是一项工作

不爱护菜刀的厨师。

镜头脏了也熟视无睹的摄影师。

无论怎样，我都对这种人的工作态度心持怀疑，也无法相信他们能够做出优质的产品。

作为一名专业人士，一定要重视自己使用的工具，要经常保养，使它们在任何时候都能发挥出最好的功效。如果说这是工作上不可或缺的最低原则，大多数人应该都会同意吧。

对于专业运动员来说，睡眠时间和日常饮食等都需要进行彻底的健康管理。因为他们的身体本身就是工作的工具。

但是，在自己的身体就是工作的工具这一点上，不仅限于运动员，或许我们在使用方式上有些不同，但每个人在工作的时候，都需要投入“身心”，从这个意义上来说，无论何种职业，“身心”是每个人的工作工具。

但尽管如此，还是有很多人忽视自己的身心健康。

任何工作都需要全身心投入才能够完成，如果没有调整好身体和心理状态，就无法胜任工作。作为专业人士，理应重视这种不可或缺的工作工具。

因此，一旦有人问我“工作的基础是什么”的时候，我会毫不犹豫地回答“是健康管理”。对于这一点，我深信不疑，并且每天都在践行。无论遇到多么紧急的工作，多么重要的项目，多么难缠的客户，我都会最优先考虑自己的身心健康。

反之，如果做不到身心健康，那么无论多么简单的工作都会出错，还可能会把老客户的关系闹僵。如果身体不适，就连平时信手拈来的日常事务也很难做到。做好健康管理，不仅能顺利进行工作，还可以充实个人生活，这是不争的事实。

“如果是真正重要的工作，即使牺牲身体健康也在所不惜。”

职场中有些人持有这种价值观，但我觉得这只是单纯的坏习惯。

放弃睡眠的时间去工作，也许在短时间内会感觉到工作效果有所改善，但对于积累长期实际业绩方面和信用方面，反而会出现负面影响。

因此，无论发生什么事，我都不会削减自己的睡眠时间。

睡眠多久合适，这一点因人而异。如果想高质量地完成工作，就要认真遵守自己的睡眠时间。我每天需要七小时的睡眠，在这个基础上安排每天的时间表。

饮食也是健康管理的重要一环。

不要暴饮暴食。而且，为了健康着想，除非有特殊情况，尽量不要吃快餐、垃圾食品之类的东西。

“不用那么担心，我吃什么都没问题，就算吃的不太健康也没事。”

有这种想法的人，试想一下这样的场景：

假设我们用全部财产买了一辆车。而这辆车是不能更换，要使用一辈子的。那么你会随随便便给这辆车加入充满杂质的，明显会损伤发动机的汽油而满不在乎吗？

我们的身体比任何豪车都使用得更久，而且更有价值。人们总会忽略这个简单的事实。我们要记住这一点，平时尽量注意多吃健康食品，用优质的“燃料”驱动自己这辆车吧。

即使不能常吃特制的有机食品和高级食材，也要尽量吃那些由手工精致的食物。这样做的话，身体很快就能感受到明显的差异。

不必变得过于神经质，但也要注重饮食平衡。

我虽然不吃肉，但会摄取大豆等植物性蛋白食材来替代肉的营养，蔬菜也充分考虑了维生素的搭配。另外，要尽量避免食用刺激性和味道过浓的食物，只需选择能充分发挥食材原味的东西，就会有很大的不同。对于我来说，吃六分饱是最好的，可以根据年龄和体质选择最适合自己的方案。

了解了一个人的饮食习惯，就能大致判断出这个人的工作质量。吃饭不规律或者经常坐在电脑前啃三明治的人，在不知不觉中，就会把这种散漫的作风带到工作中。

所谓健康管理，是一种不断调整生活状态的习惯，不断思考对自己来说最合适的生活方式。

专注力是工作中不可或缺的必要条件，但只有将身体状况调整好才能做到这一点。

有规律的生活，就好像在一天中切换开关，可以让时间张弛有度，也会增强对事物的直觉，对各方面都有所裨益。

以我为例，当我集中精力思考某件事时，所有的意识都专注于此，别人说什么都听不见。

但是，这种情况仅限于休息充分、身心舒畅的时候。我自认为是一个专注力很强的人，但是如果身体不适，感到疲劳的时候，专注力也会变差。

休息日充实度过，磨炼一种状态

“休息日，你都做了些什么？”

我有时候会提出这样的问题，看似无意间的闲聊，但我却能从其答案中，清晰地看出这个人平时的工作状态。

有的人只有一句话“我睡了一整天”。

有的人回答说“我去见了某人、去了某某地方、做了某某事情……”，这样就可以继续展开话题。

这两种类型的人进行对比，明显后者会在工作上更出色。

为什么这么说呢，是因为充实的休息日能够体现一个人良好的状态。

在休息日，没有必须做某事的义务，想做什么完全取决于自己。换句话说，如果自己没有做决定，就什么都不可能去做。

懂得充分享受休息日的人，会自己确定主题，想出让自己获得满足的方式，并按照自己的方式去实践。

“要怎样做才能让自己、家人、恋人、朋友开开心心地度过这一天呢？”

“做某某事来享受这一天吧”，能够从问题中找出答案，虽然答案看似微不足道，却体现了很优秀的发现意识。

“今天天气不错，去冲绳看海吧。”这种答案看似很理想，但若不切实际，就毫无意义。一定要以现有条件为基础，考虑自己最大限度能做的事情是什么。这就是将发现具体化的方法。

比如，“虽然这个周末去冲绳是不可能的，但是天气很好，一起来踢场小型足球吧”，这也是一种方式。或者也可以变化一下，“试着约一下最近没怎么见面的某人吧”，还可以衍生出其他关联性，“人数不够的话不能踢足球，不如我们带上照相机去拍摄那些运动锻炼的人吧”等，可以制订角度完全不同的计划。

用自己的力量去发现、制订计划，并将其付诸实行，享受其中的乐趣。

这套休息日的流程，可以打造一个人的生活状态。

虽说自己的假期一切都可以由自己决定，但始终受到时间和经济上的制约。工作也是一样的，在有限的条件下摸索出最佳路径，也是一种对工作状态的磨炼。

反之，对于那些不会享受休息时间的人来说，他们很少会思考“现在这么多宽裕的时间要做些什么？”或许他们连思考的欲望都没有。但是，这种状态会在工作中体现出来。

“太麻烦了，休息日我不想出去。”

“没有能玩到一起的朋友，所以只好睡觉。”

“因为太忙了，所以我在休息日也要工作。”

列举一堆做不到的理由，不用自己的大脑去思考，无所事事地虚度光阴，那么，工作态度也会变成这样的，对工作的感觉也会越来越差。

如果无法自己决定该做的事，那么无论你是否情愿，都只能服从于上司和客户，只能做那些由别人决定的事情，对别人的话唯命是从。

另外，周末加班的人，对工作的优先顺序的理解是错误的。休息日最优先的“工作”不是眼前的义务，而是充分地享受休息时间。比起完成几个小时的常规工作，磨炼影响一生的工作态度更加重要。

更进一步地说，当一个人的能力得到超水平发挥，或者取得惊人成就，基本上都是自动自发地行动。而被人命令着去做事时，取得成就的概率就会很低，也会因此感到工作越来越无趣，陷入一种恶性循环。

不会享受休息日的人，可能很快就会面临“拼命努力却没有成果”的尴尬境地。不会利用休息日，就相当于放弃了与工作以外的各种各样的人和事接触的机会，不要说创意，可能连适应能力都堪忧。

“除非发生重大事件，否则，都不要因为工作而牺牲自己的生活。”

我对《生活手帖》编辑部的职员以及“COW

BOOKS”书店的员工都说过这样的话：“一定要把自己的生活放在第一位，如果生活方面得不到满足，工作也不可能做好。”

早上上班前或下班后的那段时间，以及休息日和暑假，是由自己决定的休闲时间。

那么，你是如何度过的呢？

在休息日训练自主性

“生活有规律，比什么都重要。”

这也是我多年以来从事自由职业的真实感受。

按时起床，按时睡觉。每天在固定的时间开始工作，在固定的时间内顺利结束，怀着感恩之情享受美味的饭菜。

“生活有规律”，固然与工作息息相关，但更关系到生活的原理原则。只有拥有自己的原则，才能真正成为自己的主人，这也是建立自己认可的工作方法和生活方式的基础。

自由职业是一种不受任何人管理的工作方式。

这种职业，基本上不会有人主动给你布置工作，让你去做某事。如果不能自己创造工作，自己制定“从几点到几点，要如何去工作”的规则，就根本无法在这个行业站稳脚跟。

如果只是等待“等有干劲的时候再做吧”，那么永远也无法完成工作。

即使自己认为“今天感觉不错，熬夜做吧”，但是万一你倒下了，是没有人来救你的。自由职业者，除了严格自律以外，其他任何工作方法都不成立。

反之，如果在公司工作，即使你呆呆地坐在桌前不想做事，也会有人来给你布置任务的。

不管是有趣还是无聊的工作，只要按照指示去做，随着时间自然流逝，大体上也都能完成工作。说得极端一点，即使完全不用大脑也能完成工作，倒也算是很轻松。

可能有人会抱怨公司的工作很无聊，也没有什么价值，但是一旦忙碌起来，也能体会到某种充实感。不会陷入没有工作的空虚状态，也不必担心工作完成后是否能拿到工资。

这种工作看似很舒服，但如果总是满足于这种舒适感，久而久之，就不得不按照别人制定的规则去生活。如果没有人为你做决定，你就什么也不会做。

这种工作方式看似很轻松，但并不幸福。

这种工作状态，还是断然远离的好。

其实，无论是自由职业者还是在团体组织中工作，原则上都是一样的。如果你希望自己能够比现在更加胜任工作，想选择更适合自己的工作，想打造更适合自己的工作方式，那么，就制定一个规则吧。这个规则不是别人为你制定的，一定要自己量身定做，并且在日常生活工作中坚决执行。

每个组织中都会有“管理人员”这个职位，所谓管理，并非被人管束，“自我管理”才是最基本的。

我也是管理人员之一，有些人总是问我“我该做些什么，请指示”，我很不愿意和这样的人一起工作。

无论是自己的内部员工，还是插画师、撰稿人、摄影师等外部人士，我都希望他们能够自己努力发现工作，制造工作机会，并且按照自己的规则去工作，我愿意同这样的人携手共进。

如果你想制定自己的规则，自己管理自己，最好的训练方法就是有规律地度过休息时间。

公司里已经制定了很多规则，所以不适合作为训练的场所。但如果只是等待别人的指示，就会逐渐养成只会服从命令的习惯，最终不得不依赖于他人的规则，而无法形成自己的规则。

在休息日，没有人指示你应该做什么，这时候更要遵守生活的节奏。我们可以将双休日定义为“培养自主性的训练日”。

即使是周日，也要在固定的时间起床，爽快利落地换好衣服，按照自己的日程去践行自己的想法。这种休息日训练，可以使你自己的工作节奏和生活节奏相融合、协调一致。

无论是隶属于某个组织还是自由职业者，作为一名职场的专业人士，都必须了解自己的节奏和自己的规则，并严格遵守。

确保独处的时间

每十天一次，每次至少半天，要留出一个不与任何人见面的时间段。对我来说，这是调整平衡的必不可少的时间。

人是群体动物，无论工作还是生活，都需要与他人交流。

这既是一种乐趣，也是一种无可替代的需求。但有时候也会深陷其中，身不由己，左右掣肘。如果无时无刻都参与到各种人际交往之中，就会遇到千差万别的价值观、各种不同的意见、大大小小的纷争……置身于这种此起彼伏的浪潮中，很容易在不经意间就找不到自己的定位、迷失了方向。

这就好比一个人如果经常吃得很饱，那么再好吃的东西也会变得没那么美味了。偶尔少吃一点儿，让身体得到休息，才有动力继续追求美食。

与人交往亦是如此，只有保留自己独处的时间，才能更好地与人交往。令人尊敬的人、容易影响自己的人越多，就越有必要保持“真实的自己”，不受任何人的干扰。

在我的日程表上，专门设置了“独处的时间”。在这个时间段，我不仅不会去见与工作相关的人和自己的朋友，甚至连家人都不见。

我把自己关在办公室，并让自己进入一种“什么都不做的状态”。每个人都需要这种无为的状态，它可以不时地检查一下自己在忧虑些什么，在思考些什么，这对于人保持各方面的平衡是必不可少的。

就算是每十天才进行一次，有的人也很难调整出大半天的时间独处。但即使是这样，也要下定决心留出自己独处的时间，可以每个月进行一次，每次六个小时，将独处时间确切地列在日程表中。这样做还可以保持对工作的新鲜度。

所谓独处，是指切断与外界的所有联系。这对消除心理疲劳也有效果。

我对员工们说：“如果真的感觉很累，就算没有生病，也可以请假休息。”

即使我认为他可能有其他的什么原因，我也不会指出，我甚至认为偶尔休息一下也没什么问题。

大家都知道，当一个人感冒发烧的时候，即使勉强工作也没有效率，这种情况下，只有尽快休息才能尽早恢复健康，才能更快地返回工作岗位。

同样，如果真的在精神上感到疲惫，最好不要勉强自己去努力，稍微休息一下，对自己和公司都有好处。

确定了独处的时间以后，请留心关注在你脑海中最初浮现的是什么。当自己独处的时候，最先浮现在脑海里的就是自己心中最大的问题。

无论这个问题是工作方面还是私人生活方面的，都应该认真对待。因此，要好好利用独处的时间，完全、充分地面对自己，彻底地想清楚。

思考是需要能量的。正因为如此，才更应该确保独处的时间，但有时候即便有独处的时间，却缺乏认真思考的心理上的体力。

在工作中，经常会遇到不如意的事情。自己全力以赴最终却徒劳无功，身体上筋疲力尽，精神上饱受压力，甚至连自信心都被碾压殆尽的情况屡见不鲜。

“我知道问题出在哪儿，但正因为如此，我才感到无能为力。”

即便是我，也经常像这样感到沮丧无助。

当你感到现在的自己工作做不好，人际关系也处理不好的时候，就不要强迫自己去思考了。首先，为了让自己重新振作起来，要试着开始做一些你自己最喜欢和最擅长的事情。

比如说，我最喜欢和最擅长的事情是从“垃圾堆”里寻找宝贝。

我一直保持着这个兴趣爱好，并从事了古物的挑选工作，而且不仅限于书籍这一方面。比如，我能从一堆破衣烂衫中翻出一件复古的牛仔裤。在古董店卖十万日元的东西，我能够从跳蚤市场中发现并只用一千日元就买到手了。一直以来，我都很擅长这些。

因此，每当我情绪低落的时候，我就会去二手书店，这与工作毫无关系。每当我从落满灰尘的书堆中发现了被埋没的宝贝，就能够找回自信，感到自己已经满血复活了。

兴趣爱好因人而异，有的人喜欢画画，有的人喜欢散步，还有的人喜欢打游戏，无论何种爱好，只要做自己喜欢的事、擅长的事，就能快速恢复自信。

满血复活以后再返回工作岗位，比起一直勉强坚持工作，要更开心和轻松。

为了工作而玩

“虽然我不喜欢工作，但是为了能出去玩，必须得赚钱……”

“虽然每天加班很辛苦，但是用赚到的钱可以买喜欢的东西，所以很开心……”

有时候，我们能够听到这样的声音。

这种“为了玩而工作”的想法，似乎很常见。

但是，每当听到这种话，我都感到非常惊讶，我认为这种想法存在着很大的问题。

一般公司的工作时间是朝九晚五。

上面说“为了玩而工作”的人，大概认为只有待在公司的这八个小时才是有工资的吧。除此之外的时间，由于没有工资，所以完全是自己的自由时间。

但是，我并不这么认为。

所谓工资，我认为是包含了在公司以外的十六个小时的，算上双休日，每个月总的休息时间是大于工作时间的，我认为公司是支付了这部分工资的。

所以我会对一起工作的人说：

“公司付出的工资，不仅仅是对工作的报酬，还有一半是对休息时间所支付的金钱。也就是说，公司为了让员工能够更好地工作，给了员工一份‘打造自我’的资金。”

工资的一半是工作的报酬。

另一半是即使不工作也能够得到的资金。

那么，可能有的人就会认为这部分工资属于公司对员工的一种照顾，但这是一种误解。

只有充分利用这些资金和休息时间，好好休息，尽情放松，充实生活，才能更好地工作。从公司方面来看，这是为了培养优秀员工的一种投资。所以我认为，在非工作时间公司也是支付了工资的。

如果有人问我“你认为的工作是什么”，我会这样回答：

第一项工作是健康管理。

第二项工作是快乐生活。

第三项工作是完成被赋予的工作。

只有这三项都做到，并获得相应的报酬，才能成为能够为他人带来幸福的优秀职场人士。

关于第一项健康管理,如前所述,是一切的基础。

第二项快乐生活，既包含玩，也包含学习和丰富心灵的过程。

只有快乐地度过每一天，让生活充实美满，才会产生好的创意。源源不断地发现新的体验和新的乐趣，才能保持工作的新鲜感。持续学习，反复思考，才能不断成长为更好的自己。增加任何方面的有用的经验，能够培养职场中不可或缺的适应能力。

也就是说，要像完成遵守公司规定，“完成被赋予的工作”这第三项工作一样，怀有足够的责任感和热情去尽情享受生活。因此，个人生活是非常重要的第二项工作。

我的这种想法，是从一位很重视生活的美国朋友那里学到的。

他说：“如果不能尽情享受生活，成为各方面都经验丰富的人，就做不好工作。”

“为了玩而工作”，是为了将来能够享受快乐，而暂时忍耐眼前辛苦的一种心态，是一种想要通过玩乐来补偿自己的心理。

而“为了工作而玩”，则是在享受生活的同时丰富自己，并利用这些丰富的经验去挑战更艰巨的工作。

我认为工作和玩无法严格地划分界线，这二者是密切相关的。如果工作只是无尽的忍耐和辛苦的付出，谁还愿意去努力工作呢？

工作有工作的喜悦和乐趣。更重要的是，工作的目的是使自己成为对社会有用的人，给他人带来幸福。

如果非要将这种有意义的工作和同样有价值的个人生活断然一分为二，划清界限的话，未免格局太小，人生也毫无乐趣可言。

第三章

工作离不开人际关系

“每个人的背后都有五十个人”

欲立其人，必以其人为主。

如果能够做到这一点，就可以顺利地在组织中开展工作了，甚至工作方式也会完全改变。

作为一名自由职业者，长期以来我一直一个人工作，因此养成了所有事情都一个人完成的工作习惯。

虽然从责任感、完成能力等方面来看是好事，但另一方面，也形成了“除了自己以外谁都不能信任”的潜意识。

但是，在团队工作，要想完成一项大型任务，如果什么都自己一个人去做，是不可能完成任务的。不但自己会被庞大的工作量压垮，而且也会严重地影响工作质量。

于是，我开始尝试着去相信别人，把工作交给别人去做。

虽然这件事很难，但也要反复去尝试，一旦习惯了以后，就可以逐渐上升一个台阶，不但要立其人，还要使其成为主角。

摒弃“我来做，我自己做”的意识，将视线转向周围的人，建立“这个工作你是主角”的意识。

即使对方只是个刚进入职场的年轻人，也要记住自己只是协助者，工作的成果和主角都是对方。不可思议的是，他们最终真的成长为主角了。

任何工作都是由人与人之间的关系构成的。如果只想着自己一个人努力奋斗，是不可能取得满意的成果的。

所谓“立其人”，不仅是为了支持对方，同时也是为了拓展自己的业务规模。

从更实际的角度来看，“立其人”还需要考虑这件事情对于对方是否有利益可言。虽然“有意义的工作”和“有责任感的工作”也属于一种利益，但是最直接、最容易理解的利益就是金钱。

“这个工作对他有好处吗？这份工作怎样才能

给他带来利益呢？”

一定要拥有这种意识，才能实现真正意义上的分担和共存。

一谈到钱，可能有人认为很俗气，但事实是，很多人虽然在工作中忍耐得很辛苦，但最终只要能够得到足够的报酬，一切就都会释怀了。

利益是一种最容易理解的成果。对方赚到了钱是对方收获的成果,是付出的辛苦得到回报的体现。如果只是自己一个人独自取得成果，独自成功，独自赚钱的话，就太孤单和可悲了。“众人皆亡我独存”的人，是不可能获得幸福的。

如果坚持让客户做出牺牲，让对方一直降低成本、放弃利益的话，就不可能做好工作。降低成本固然重要，但也不能忘记与客户利益共赢。

以惊人的低价购买到的羊绒衫，其背后也许有人正因为不合理的低额工资而哭泣。无视正当的价值和价格，不懂得体谅他人，即使暂时以很低的代价获得成功，这样的商业也不会有未来，这一点毋庸置疑。

“每个人的背后都有五十个人。”

虽然只是一种比喻，但是这句话我们都耳熟能详。

家人、朋友、照顾过自己的人、学生时代的老师、职场的同事，有过几面之缘之人……总而言之，任何一个人的背后，至少都拥有五十人以上的人际关系。在工作中，意识到这一点很重要。如果能始终保持这种意识，就能够更深刻地理解“立其人”的含义，意识到利益对于对方的重要性。

如果违反了和对方的约定，就等于同时欺骗了其背后的五十个人。如果背叛或伤害了对方，其背后的五十个人也会对此怀恨在心。

和一个人为敌，就相当于多了五十个敌人。被一个人憎恶，就相当于与五十个人交恶。因此，绝不能忽视与任何人的关系。

反之，如果与一个人交好，也许就会有五十个人成为你的支持者。

这绝不是在计较利益得失，而是在强调人际关系的重要性，我们一定要真挚地对待面前的每一个人。

和人相处时始终保持全新的自己

和别人一起工作时，不要期待对方和自己一样。

“这个文件我很快就能做完，所以他应该也能做到。”

这种想法过于主观和专断，每个人都有自己处理事情的速度，不一定都和自己一样。

我是个急性子，以前，如果有人跟不上我的节奏，我就会很烦躁很苦恼。但是，当我懂得了每个人都是各不相同的个体时，我就把“等待”作为磨炼自己的课题。

工作速度仅仅是其中的一个例子。世间众人各有千秋，瑕瑜互见，长短并存，即使是我自己，也有很多不如他人的地方。

“自己和别人的不同之处有哪些呢？”

我经常这样问自己，并告诉自己对这种差异不能视而不见。

这是因为，我虽然心有不甘但又不得不承认，我和他人的差异之处，并非都是自己的长处。举个简单的例子，如果说“我比别人工作完成得快”是我的长处，那么可能“我容易急躁，使周围人焦虑”

的性格就是我的短处所在。

无论长处还是短处，客观地看待自己的优缺点，在工作上是非常重要的。

如果能够事先对自己的缺点及不擅长的领域做到心中有数，那么当工作中需要用到这些方面的时候，自己就会很慎重地对待，知道如何修正方向，做出相应的判断再付诸行动。

只要了解了自己的优点和擅长之处，就可以思考如何使其在工作中发挥作用，并研究出作战计划。

审视自己和他人的差异，不仅能够了解如何与人相处，同时也能够了解自己，是一件很有意义的事情。在此基础上，还可以再前进一步。

如果你找到了自己的某个缺点，那么请每天都对其进行否定。即使你感觉自己哪里都挺好，也要先进行自我否定，要经常把自己破坏掉，这样才能发现全新的自己，这也是一种自我成长的方式。

我不太理解“是值得尊敬的人”和“不是值得尊敬之人”的区别。

因为无论年长还是年幼，长辈还是下属，我们都应该把所遇到的人视为带给自己收获的老师。

我觉得自己工作的方方面面，包括很多想法，甚至这本书上所写的内容等，没有任何一项是完全纯粹的原创作品。

所有的一切就好像是一幅工笔画，在各种人物的影响下逐渐完成。所有这些我们所遇之人都对自己产生了影响，都是值得尊敬的存在。

在至今遇到的人之中，我们可能会特别喜欢其中的某些人，会希望一直和他们相处下去。这些人就是能让自己始终保持全新状态的人。

即使年龄增长，他们也像孩子一样天真、率直，有着鲜活的人物形象。

他们不忘初心，不断挑战，不安于现状。

这样的人正是我喜欢的人，在遇见的形形色色的人物之中，他们在我的工笔画上留下了浓重的一笔。正因为如此，我也希望能像他们一样，始终保持全新的自己。

记住三个方法

为了拓展人际关系，有三个必胜之法。无论在拓展新业务，还是销售方面都同样有效。

那就是笑容、问候以及明确表达自己的意见。

只要将这三项准备工作做好，就可以和全世界的任何人建立起人际关系。无论你的工作是什么，与其建立关系的目的是什么，都能够很好地进行交流。

第一项是笑容，它是一个人一生的护身符。

在国外生活的艰难时期，我和他人能够建立联系的契机，都是因为笑容。虽然语言不通，文化差异也很大，但笑容是相通的。当时的我，靠在路边卖书赚取生活费，但我每天都非常注意让自己尽量保持笑容。哪怕只是说句“Have a nice day”“See you again”，只要面带笑容，即使是简单的话语也立刻会被赋予灵魂。

而且，我不仅主动微笑问候，当对方似乎只是无意中向我打招呼的时候，我也会以笑脸回应。

当你去面对一个人或一件事时，其实就是在和他们进行能量的交换。因此，即使你只是喝一杯咖啡，只要信任其味道，并微笑着品尝，那么咖啡的味道一定会变得更加香醇。

在工作中也是一样，如果要去见一位一直想见的人，首先要笑容满面地去交流，无论主题进行的是否顺利，直到最后都要一直保持笑容。相信笑容是最好的交流工具，而且笑容能够带来日新月异的变化。

在公司内部也一样，当大家进入会议室的时候，是笑容满面还是一脸疲惫，对会议的内容和效果一定会产生影响。

工作方法的第二项是问候，问候时最重要的是一定不要害羞。

大家都知道，问候和笑容一样，都是交流中不可或缺的一环。我在书中也经常强调这一点，相信很多礼仪或商务技巧方面的书籍中，也都有要“重视问候”的内容。

关于问候有个奇怪的现象，就是一旦习惯了就会害羞。

到了办公室，大声喊出“早上好！”，整个工作的氛围都会发生变化。早上对同事说“今天状态怎么样”或者“这件衣服不错啊”，那么这一整天都会有完全不同的感觉。

相信很多人都认可我说的这些话。关于问候的重要性，估计大家也都听得不胜其烦。那么，是不是现实中大家就都能够愉快地与人打招呼了呢？回答是否定的。即使能做到与人打招呼，有时也不看对方的脸，或者只是低头打声招呼。

我想，原因恐怕是过于害羞。怕被人说成是“奇怪的人”，丢了面子。

但是，如果你懂得问候是一种传达“我很在意你，我很关心你”的信息的话，你就会知道这种害羞是多么愚不可及。

无论在哪里，我都很重视愉快的问候。我每天都是第一个上班的，所以我一定会主动向大家问候“早上好”。

问候还有另一个鲜为人知的效果，就是先进行问候的人能够控制现场的气氛。先打招呼的人，能够打造出自己的步调节奏。

只要做到了笑容和问候，就能够迈上下一个台阶——沟通与交流。能否好好把握住这个机会，取决于你平时是否一直在思考，是否拥有自己的想法。

这也是我在美国学到的，如果对同样的主题感兴趣，或者共同面对一个项目，对方一定会向我征求意见："你怎么认为呢？"美国不像日本那样含蓄，也不允许用"我和某某想的一样"这类话来敷衍。即使是同样的意见，也必须把"与某某的意见如何相同"的内容形成自己的想法，明确地表达出来。

在日本，尤其是在职场中，我认为还是有自己明确的看法比较好。

要想做到这一点，平时就要多注意整理自己的想法和意见，并进行语言化训练。这样做还有另一个效果，就是一旦将自己的意见总结完毕，就会很想把它告诉给别人，这样就创造出了积极交流的契机。

观察力和心灵感应

仅仅“注意到”是不够的。

就算“很机智”，也略有不足。

“在职场中，要通过心灵感应来了解周围的人都在寻求什么。”

听到这句话，一定有人认为是在开玩笑，但我是非常认真的。

拥有心灵感应的人并非稀有物种，自己的周围一定有不少这样的人。

上司只说了一句“下面我们……”，下属马上就把需要的资料准备好了。

在餐厅的后厨里，只要厨师长说了一声“接下来需要……”，厨师们马上就能意识到他是需要菜刀，还是需要用盐调味，几乎在厨师长话音落地的同时，就能递送到他面前。

他们平时就一直在仔细观察着所有的情况。

在此基础上，还积累了在各种情况下应该如何应对的经验。

但是，这并不等于每次都要重复相同的模式。

如果单凭“观察力 × 经验值”就能得出答案，那就只不过是机械的模仿而已。

“在这种情况下，当对方处于这种状态时，我们所需要做的应该是……”

懂得心灵感应的人，会在“观察力 × 经验值”的基础上，加上想象力，以满足对方的需求。

与科幻小说中出现的心灵感应不同，现实世界的心灵感应在一定程度上是可以训练出来的。最基本的训练，就是磨炼观察力。

假设同事正在办公室打电话，通过措辞可以判断出对方是老客户还是新顾客。如果仔细倾听，还能了解到对方的名字，也就知道同事正在和谁通话了。

即使听不懂对话的内容，但总能听出说话的语气。

如果你的同事一直在电话中努力地重复进行说明，可能是发生了什么问题，想要尽力弥补。如果平时多留意观察公司的情况，就能知道这位同事参与的是什么项目，可能发生了何种纠纷。

此外，他打电话时的动作是怎么样的？

如果他通话时用笔摆弄电话线，或者边看电脑边说话，就应该不是什么重要的电话，甚至有些无聊。

接下来的训练是边观察边积累数据。

“啊，那次的电话果然是这么回事。”这时，某种数据就已经储存在自己的脑海中了，无论存储的是好事还是坏事，只要能够积累经验，就都是珍贵的数据。

最终阶段所需要的想象力，可以说是一种素质，因此，对于训练的高度也不同。相对比较简单的做法是要养成站在对方的立场上思考问题的习惯。

“如果自己这么说，对方会怎么理解呢？”

即使只是一件小事，在说出来之前也要先做个铺垫，有个缓冲，要站在对方的立场去思考，这句话对于对方来说，会不会受伤，会不会受到打击，会不会生气？

无论做什么事情，都要提前考虑到最好和最坏的结果，这也是一种很好的训练。

“如果一切进展顺利，你所期待的最好结果是什么呢？”

“做这项工作，如果造成了最坏的结果，会是怎样的？”

在开始任何工作之前，都要首先想象出最好和最坏的结果。这么做不仅能够锻炼我们的想象力，还能够提升适应变化的能力，无论发生什么事都能泰然处之。

虽然这种训练听起来不太正规，但如果敢于把自己逼入严酷的境地，想象力就会得到锻炼。

二十世纪八十年代末期，我自己在美国闯荡，语言不通，整日徘徊在贫民区。但是我认为正是这种经历，大大地锻炼了自己的想象力。

与你亲切打招呼的人,也许瞄准的是你的钱包。兴致勃勃地请我喝可乐聊天的人，在我刚刚敞开心扉畅谈之际，却因为英语不好而被他嘲笑，变得话不投机。

如果不依赖他人，可能连睡觉的地方都没有。但是,如果弄错了依赖的对象,可能连命都没有了。在这种艰难的日子里，尽管我并未刻意地去做，但是我的想象力确实得到了很大的锻炼。

而且，我在日本从事体力劳动的那段日子里，周围经常有很多人满不在乎地吹嘘编造出来的经历，或者小偷小摸、若无其事地说谎。现在回顾那时候的生活，我认为也是一种虽然残酷但很有效的心灵感应训练。

留心观察、积累经验、发挥想象力。这种能力越高，工作的层次就越高。这样才能比那些观察力很强的优秀之人更胜一筹，能够站在更高的角度去工作。

没有工作能力的人，不但做不到心灵感应，就连想象力和观察力都没有。因此，这些人就算绞尽脑汁也只是为了自身的利益。

举个例子，比如一个人想向上司提出某项建议，这个建议就好比自己抱着的球。自己的手虽然被占据着，但是眼睛没有被蒙住，只要稍微留意一下就能观察到当时的状况。但如果眼里只有自己，根本不去了解周围的情况，就很可能在上司手中已经抱着好几个球，应接不暇的状态下，仍然向上司奋力掷出了自己的球。

这时，无论再怎么热切地表达自己的想法，如果“投球”的时候恰逢对方的双手已经被其他“球”占据，那么这个“球”是很难被对方接住的。

如果你提出的建议总是不被别人接受，就应该反思一下，自己是否进行了加强心灵感应的训练？也许有人会觉得“我不喜欢如此小心翼翼地在意别人的想法甚至去奉承别人”，但这种心灵感应也有助于在公司中保卫自己的独立行动空间。

如果把某项工作比作爬山，项目组的同事们都排成一列步调一致地前进。当到达了某处风景很美的地方后，大家会坐下来一起吃便当欣赏美景，那么你就需要时时刻刻地保持与团体的协调性，并随时了解大家的状态，掌握目前处于山里的哪个位置等信息。

如果你想享受自己独立的行动空间，按照自己的步调一个人先走在前面的话，就一定要发挥心灵感应的作用，否则是难以实现的。

这是因为，如果不仔细观察情况就无法知道自己在何时可以先行一步。如果要单独行动，一定要站在他人的角度考虑到大家的情绪才可以。

如果你掌握了心灵感应，就可以协调好工作。如果再进一步深化训练，将来就可以自己带头加速，调动大家的积极性，让大家共同加快步伐。这样既不影响自己的独立行动空间，又有益于他人和工作。

最重要的是心灵感应要了解“现在这个人想要什么”，这也是所有以消费者为对象的商业活动中不可缺少的要素。这种心灵感应也可以理解为是一种关怀体谅之心。

要保持一定的距离

不要过于亲密。

对待职场中的人际关系，一定要记住这一点。

愉快的问候、顺畅的交流非常重要，如果没有信赖关系，双方就无法共同完成某项工作。

但是我认为，除非有特殊情况，否则没有必要与对方谈论私人话题，也不必在工作以外进行私人交往或像朋友那样保持亲密联系。因为，工作就是为了实现某个目的。

虽说是“大家一起干”，但实际上“整体的力量”是不存在的。只有集合了每个独立的个体的力量，才能形成了“大家一起干”的合力，因此，所谓工作，本质上是个体的行为。

不要故作亲密或者搞俱乐部活动这些花样。一旦双方的距离过于亲密，就容易形成相互依存的关系。而在工作中，双方都应该是独立的个体，相互尊重，共同履行作为专业人士的责任和义务。也许有人觉得这个做法有些不讲情面，但这正是能够让双方都轻松愉悦地完成工作的“共同合作方式”。

虽然我并不推崇“无论工作上遇到什么烦恼，都要一个人解决”这个观点，但是至少要做到自己好好思考，认真动脑找出几个答案。如果仍感到困惑，这时候再去寻求别人的帮助。

先问问自己，这个烦恼到底因何形成？问题的根源是什么？自己能做的事有哪些？

在认真思考这些问题的基础上，再去咨询求助，就一定可以根据他人的建议，最终自己找到解决方案。

如果发生问题时，只知道抱怨“哎呀，又有问题了，太麻烦了，太讨厌了”，自己完全不去思考，只是向上司或同事求助“完了，这可怎么办”的话，就相当于把问题全都抛给上司或同事，这不是寻求建议，而是单纯地依赖。

虽然团队合作很重要，但是如果完全依赖他人，工作是不可能顺利进行下去的。

不依赖任何人，与他人保持一定的距离，自己脚踏实地，独立前行，就能看到自己的力量有多大了。

即使再小的工作，我也会将责任明确。告诉对方“这个是你的工作”，相当于竖起了一面“旗帜”。

这样做，能够明确谁应该为失败负责，也能够知道是因为谁而获得的成功。当然这并非为了追究和指责是谁的过错，而是为了让我们能够清楚地认识到自己不愿看到的缺点和弱点以及实际的工作能力。虽然这种尝试有些苛刻，但只有攻克了这一关，才能成长进步。

一旦发生问题，如果责任明确，处理速度就会很快，解决问题也会很顺利。

工作中最可怕的是这面“旗帜”容易消失。

“因为是大家共同完成的工作，所以也是大家共同的责任。”

乍一看这句话似乎很完美，但这也是一句可怕的口号。

在责任不明确的情况下，无论成功或失败，努力的人和混日子的人得到的都是同样的评价，这种虚假的团队合作就像一剂毒药，只会阻碍个人的成长。

而且，无论是成功还是失败，如果责任不明确，大家就无法有的放矢地探讨工作流程，错失了学习的机会，也阻碍了团队的成长。

在工作关系中，与人不要交往过密，要保持一定的距离，这样可以解决团体组织中容易产生的界限模糊的问题。首先要自立，而自立的表现就是独立思考。

第四章

工作的思考与构思

每天更新自己

职场的状态日新月异。如果能够掌握某些技能，学习到一些东西，自己不断进步的话，周围的环境也会随之改变。

爬山时，山脚下的景色和爬到半山腰时的景色肯定是不一样的。仅仅在山脚下走了几步就认为自己已经是登山专家了，装备和行程已经万无一失了，这种骄傲和自负很可能会造成事故。

登山时，越往上攀登，自然环境就越严酷。身体疲惫，就需要换一种攀登方式让身体适应。也就是说，如果不经常变换新的攀登方法，就无法继续登顶。而且，即使曾经到达过某个山峰的峰顶，当挑战另一座山峰时，还是需要重新学习不同的攀登方法。

随着市面上不断出现更好的装备、更好的登山服和更新的攀登路线，即使是多次去攀登同一座山，也会有不同的感受。不去学习研究这些新的信息和知识，总是用一成不变的方法去“攀登”，效率只会越来越低。

总是盲目自信，方法千篇一律的话，工作就毫无乐趣可言。

虽然这是以登山为例，但在职场中也同样适用。

要不断地适应变化，灵活应对，打造崭新的自己。成长不可能一步登天，一定要不断积累，持续进步。

每天边行走，边学习新的步伐，每天都不断改变。简而言之，就是要每天更新自己。

我相信只有反复思考和构思，才是了解自己，进一步更新自己的最好方法。

我在做任何事情之前，都会先进行这种思考：

“真的应该这样做吗？”

“我会不会在哪里弄错了什么？”

也许有人会认为这是一种自我否定。但是，当你自负地认为自己的做法一定完全正确，一定不会出错，大可不必担心的那一刻起，你就无法再继续前进，甚至连保持原地踏步都很难了。

要想取得进步就不能过度自信。甚至可以说，不自信也许反而更好。

“这个想法可以吗？还有什么别的方法吗？”

我每天都会像这样问自己很多次。只有产生怀疑，才会继续思考。每次提出疑问，我都会绞尽脑汁苦思冥想。这种反复的思考，正是构思的源泉。

话虽如此，但这并不是让大家每天都提心吊胆、如履薄冰地工作。一旦确定了使用某种方法，在坚定执行的同时，也要在心里的某个角落始终抱有“自己不可能总是绝对正确”的态度。

反复思考，在犹豫如何选择学习内容时也有帮助。

也许有的人在没有人明确指示自己“关于这个题目，要用这个方法去学”的情况下就无法开始学习。其实，即便是我，在一开始也不知道应该学习什么。

首先，什么题目都可以，先一心一意地认真思考。只要开始思考，就会出现很多不明白的地方。当思考到一定阶段，就会自然而然地知道想要继续进步，必须从哪里开始学习。思考的本质就是从看似无路可走的地方开始前行，从山穷水尽的困境开始思考。

我先把自己不懂的事情列到“不懂的问题清单”中，再去学习这些东西。清单中的内容越多就越有乐趣，所以我一直在不断地追加，并据此制订学习计划。

关于学习方法，希望大家记住“千万不要小瞧任何一件小事”。年轻的时候总是喜欢嘲笑各种人和事。对那些稍微比自己能力差一些，或者和自己的兴趣及价值观不相符的人，完全一副鄙夷不屑的态度：“连这种事都不会做吗？”“穿得那么奇怪居然还如此淡定。”

也许他们只是想通过这种方式体现存在感，但如果对什么事情都不屑一顾的话，是无法真正学习的。

总而言之，最重要的是要用一颗坦诚的心去思考。

思考是行动的引擎

我们经常会听到有人说应该“先行动后思考”，这句话其实是为了强调行动力和执行力的重要性。

但是，我认为思考一定要先于行动。这是源于我无论在有意识还是无意识的情况下都会一直思考的习惯。

不断地冥思苦想、反复思考，当感觉到已经绞尽脑汁的时候，你会发现自己已经在不知不觉中开始行动了。

思考是行动的引擎，一切事物的开端都源于思考，只要学会思考，就能使身体这台机器自动启动而且运转自如。

不断思考的燃料是好奇心。

好奇心不仅是行动的源泉，也是构思的源泉。每当有人问及我的想法是如何产生的时候，我都会回答是因为好奇心。

“这是什么？”
“发生了什么事？”
“这是怎么回事？”
“这个人在想些什么呢？”
“有这样的东西吗？”

如果拥有孩子般的好奇心，就会对世间万物进行各种思考。在思考的过程中，就会产生想了解、想触摸、想确认、想学习、想去见某人、想去看些什么、想去做些调查的动力。

在思考这些问题的时候，自己的某些想象会逐渐形成一种想法，再结合实际听到、看到的内容进一步思考的话，就会源源不断地扩展出新的构思。

希望大家不要抑制自己的好奇心。

“我太忙了，那种事用不着特意去调查”“又不是什么大不了的事，用不着那么麻烦”，如果总是抱着这种消极的态度，好奇心就容易枯萎。不要扼杀自己的好奇心。

当你懂得了没有好奇心就无法学习，也无法推广构思的话，你就会明白，用“太忙”和“太麻烦”

这些常用的借口来进行辩解是多么地可怕。要经常告诫自己，这样的借口会使一切努力付诸东流，是危险的毒药。

先行动再思考，也可以产生更多的想法，其思考的契机是因为遇到了困难。

任何工作都不可能总是一帆风顺。有时会比预想的更难，在执行中可能会遇到计划变更、原来认为能做到的事实际上却做不到，或者无法按照原计划的步骤进行，等等，问题会层出不穷。

当遇到这些困难的时候,其实也是很大的机会。

比起一帆风顺地完成工作，遇到些困难所收获的要更多。

这是因为，一旦遇到困难，每个人都会思考“怎么办”“一定得做点什么”，人人都努力地想办法。

即使自己不擅长思考，但当遇到困难的时候，无论是否愿意都不得不去思考。

努力想办法，就会一步步接近正确的答案，并由此产生方法。通过自己的主动思考、自发学习、实施行动后推导出来的方法是第一手资料，与任何从优秀的指南手册中所学到的东西相比，这些更有价值。

仔细想来，其实思考的力量远比自己想象的要强大得多。

在大脑中放一张白纸

我认为“同时做事”是一种愚蠢的做法。

无论做什么事，都做不到一石二鸟。虽然“同时做事”会给人一种既充实又有效利用时间的感觉，但这是一种错觉，是一种自欺欺人的自我满足。

特别是当进行思考、学习等重要事情的时候，如果同时听着音乐，或者在乘坐交通工具时进行，则是根本性的错误。

真正重要的关乎本质的事情，既想追求效率又想舒服安逸，是绝对实现不了的。思考就是一种非常重要的本质性的事情，不可以轻视，边做其他事情边轻易地就完成了是不可能的。

思考与体育训练一样，是一种需要注意力高度集中的行为，也是一种自我修复的有价值的行为。

我每天至少要保证一个小时以上的时间用于思考和学习。每个人都会不断地受到这样或那样事情的干扰，由于平时很难不受周围各种杂乱的影响，所以从营造思考环境的角度来看，最好定期地给自己留出独立思考的空间。

时间段不必固定，可以根据当天的日程安排来决定。比如可以安排在两个预约之间的一小时里进行。如果当天很忙，我可以利用回家以后的时间进行。这样的话，大多数人都应该能够确保进行思考的时间。

思考和思索，是一件看似简单，实则不易的事情。

“我想吃那个……”

“今天好累啊！”

“话说，那个人，他到底怎么了？”

类似这种问题，属于无法捕捉的想法，并非思考和思索。

思索是一种更为主动的行为。正因为如此，才并非易事。

“我现在安排了三小时独处的时间，开始思考吧”，然而在这个时间里，很快就能想出各种思路的人，应该为数不多吧。

当我很难集中精力思考的时候，我的方法就是在安静的房间里坐在桌前，在大脑里放一张白色的画纸。这并非真正的白纸，而是一种图像训练。

在大脑中的白纸上写出最先浮现在脑海的词语。再将这个词语，从各个角度进行提问和深度思考：“这是什么”“有什么含义”，这时候，就会有其他词语源源不断地出现在脑海。把这些词语一一记录在想象的白纸上，这时就要像整理真的白纸那样去整理脑海中白纸的内容。

将这些词语分别排列，“这个和这个可以这样连接在一起，如果这个能解决就完美了”，通过这种方式使思路逐渐变得清晰。

这个方法很方便，通过不断的反复训练，就能够养成持续思考的习惯。

从学习的观点来看，应该将工作中与人交谈时感到疑惑的事情记录下来，并逐一进行稳步的调查和学习。

无论是经济方面还是外语方面，如果遇到自己不懂的问题时，要将其记录在小纸片上。此外，在阅读报纸时，也要将自己感到不足的领域记录下来。

我做了一个“不懂的问题盒子”，把写好的便签叠好暂时放进去，过一段时间再取出来。

将那些已经知道答案的和已经不需要的便签扔

掉，只学习那些仍有疑问和需要进一步了解的内容。

有时候，当被人问起时我回答说：“我每晚临睡前，都会抽出一个半小时坐在桌前学习。”有人就会半开玩笑地说：“好像考生一样。”其实，如果真的想要学到些什么，就一定要制订学习计划，这和考生并无二致。

遇到不懂的问题就去看书，并记录在笔记本上，如果仍然弄不明白，再去进行调查。这是一件相当辛苦的事情，一定要下定决心、彻底贯彻，才能渗透到自己的每个细胞深处。我基本上不使用网络，书和大脑就是我的工具。

也许有人认为只是看书的话，在车上也可以啊，但是那样的话，认真程度和注意力的集中程度会有很大的差别，取得的收获也完全不同。

不断地学习，就能够不断地发现不懂的问题，就会一直保持一颗好奇心。而且，通过学习，能够掌握很多新的知识，在工作的时候，可以作为理论的依据，同时也是自信的源泉。

我目前还在践行的过程中，相信很多已经成功的人对这种效果应该是感受颇深吧。

虽然我不知道成功的定义是什么，但我周围的人之中，能够把自己的技能应用于社会，并使自己获得幸福的人，都是热爱学习之人。虽然他们每个人都有各自的不同之处，但热爱学习是他们共同的特点。

最后，还要再加上灵感和直觉。

灵感和直觉有时候会从思考和学习中产生，有时候会从其他地方突然降临。

比如，为了让大脑休息，什么都不想，随意散步的时候，突然灵感就出现了。难道是散步能激发大脑活力吗？我想应该是因为平时经常思考和学习的积累，在无意识中被大脑加工，在某个时刻突然出现的吧。

因此，不要试图通过散步获得灵感。那只是放空大脑时的一次纯粹的偶然而已。

但是，在思考和学习之余去散散步，放空自己，什么都不想，倒是一种很好的放松方式。

如果边听音乐边散步，那就只是单纯的散步而已了。

在大脑中设置可视化信息卡

要让自己的大脑实现具体且客观的可视化。

这是最有效的思考方式。因此，我制作了非常简单的卡片，就只是名片大小且稍厚一些的白纸而已，并将其作为“信息卡”在市场上销售。

使用方法很简单，是把大脑中的各种想法一张张地写出来就可以了。

把写好的卡片摆在桌子上，就可以把握每项行动的不同进展状况，整理头脑中杂乱无章的细节。也就是说，要将大脑中的想法取出来，并以文字形式将其可视化。

这样做，不仅能整理想法，还有助于发现“哎呀，忘了安排碰头会要用的东西”等实物方面的遗漏。

如果大脑总是担心万一忘了哪件事就糟了的话，会积攒压力。而压力对于集中精力有很大的影响。所以把大脑里的东西都写在这张卡片上，压力就可以轻松地释放出来了。

我脑海中浮现出了新的想法：“负责特辑 1 的编辑，或者还可以再加把劲，我应该稍微跟进一下比较好。”

最重要的是，要能够在他感觉“啊，这个那个都要做，忙不过来了！”的崩溃边缘，帮他分解这种忙碌，帮助他看清实际情况，避免压力过大。

卡片一定要手写，这一点也很重要。根据文字的大小和笔锋的强弱，可以看出该项目的重要程度。而且，自己深思熟虑的想法，通过手写，可以使其“语言化”。

需要记住的东西既存在大脑里又记在卡片上，这样就可以放心地推进项目了。把信息卡放在公司的办公桌上、自己的工作场所、自己的家里这三个地方，就可以有效利用卡片。

写完后排列整齐，基本就可以将大部分事情整理好，所以不需要太多的修改，一旦项目结束就处理掉。

如果你要做的事情太多，可以把当天的任务像“Things to do（一种事务安排表格的形式）”那样分条列在一张卡片上，放在胸前口袋里。每结束一项就检查一次。这样的话，即使工作非常忙碌也不必担心忘记什么了。

这个方法是我在美国学到的。他们中很多人都会把写有当天要做的事情的卡片放在胸前口袋里，边确认卡片内容边工作。

我会定期对卡片进行处理。但也可以保留这些信息卡，把它们作为工作记录和日记的代替品。信息卡除了在工作中非常有效，也可以用于其他模糊不清、思维混乱的事情上，只要将头脑中的想法转变成可视化的信息卡就可以了。

专注力和持久力

毋庸置疑，稳定的专注力和持久力是工作中不可或缺的。无论缺少哪一个都无法构建完美的职业生涯，或者过于偏向某一个，也会令自己失控。因此，只有保持这两种力量的平衡，才能找到适合自己的工作方式。

要想提高专注力，最重要的是避免睡眠不足，调整身心状态。不要过度疲劳，也不要过度工作，这是保持专注力的秘诀。

因此，即使觉得自己还能再继续努力一下，也要在中途停下来休息。

例如，即使勉为其难地在一天里安排了五六个会议，但实际上很难长时间保持专注力。就算能够集中精力，第二天也无法持续这样的高强度工作。如果这种压力逐渐积累得越来越多，就会失去持久力。终有一天会突然土崩瓦解。

为了保持专注力和持久力的平衡，需要在工作中留出空闲时间。自己要尽量控制工作量，比如“今天专注工作，提前三小时就完成了”的时候，接下来就不要再继续工作了，就到此为止。

话虽如此，但在现实中，如果自己还很年轻，又隶属于公司的话，就不可能完全由自己控制工作。也无法说出“工作中需要留出空闲时间，所以我不能做那个文件了”之类的话。

但办法还是有的。即使不能拒绝工作，做些调整还是完全可能的。具体来说，比如被要求做某项工作的话，要养成自己设定期限的习惯。

如果上司对你说：“可以做一下这份文件吗？”不要直接答复说：“好的，我知道了。”而要回复说：“好的，一周之内我会完成，并向您汇报。”

当然，还要同时考虑到与自己其他工作的平衡，不要勉强设定难以完成的期限。

其实那种十万火急，必须在一天之内完成的工作并不常见，很多工作的时限都很宽裕。

如果真是紧急的工作，上司一定会问你“为什么需要一周才能完成？”这时不要慌乱，只要好好地向上司解释“我现在手头有这项工作和那项工作，按优先顺序来做的话，这个文件至少需要一周才能完成”，这样说就可以了。

上司是不会因此而生气的，反而会认为你对自己的工作状况非常了解，判断力很强，有管理能力。

由自己决定完成期限是一项大原则，除此之外，还要通过防止细微的能量损耗，来保持专注力和持久力。

其中之一就是认真听别人讲话。

在工作中，交流是必不可少的。只要交流，就会产生发言者和听众这两个角色，二者相比，一定是发言者消耗的能量最多。

说得极端一些，即使是进行讨论，也要让自己成为听众方为上策。例如，要讨论实施 A 方案还是 B 方案，首先为了达成相互的共识，需要确认现状。那么无论由谁来说都是一样的，因此要让对方来讲。接下来，如果对方主张 A 方案，你只要默默地听着，边听边找出 A 方案中与你所选的 B 方案不同的地方，最后只需就这几个点集中论述，使对方理解就可以了。

当并非讨论，而是让别人进行说明的时候，如果总是简单地点头颔首，就无法从对方那里获得更详细的说明。发言者都非常希望对方能理解他所讲的内容，因此，你只要稍微歪头做思考状，就会引发对方更多的讲解。这是采访所用的定式，在工作场合也非常适用。

还有一个常见的情况就是，当会议、会谈等持续时间过长，参加者每个人都会感到专注力和持久力在下降。

这时候，可以有意识地去洗手间里站一站，休息一下大脑。

这样，也能够避免因疲劳倦怠而随便得出一个敷衍的结论，消除心理不安，提升工作效果。

哪怕只是去洗手间洗个手，甚至只是走到走廊里，立刻就会发生很大的变化。离席以后，脱离了会议现场的气氛，可以一个人静下心来重新思考自己想说的话和听到的内容，检查是否有遗漏和不足之处。这个过程只需短短的几分钟就能完成，因此一定要充分利用好。

第五章

不被时间追赶，不受信息干扰

不要被时间追赶

我觉得世上没有比被时间追赶更不幸的事了。

但是，不受时间制约的工作是不现实的。任何工作都需要根据时间轴的规定去完成，这一点毋庸置疑。

尤其是出版行业，这种倾向更加明显。为了赶上规定的出版日，必须时时刻刻保持截稿期限的意识，不断地与时间赛跑。

比如截稿日期定在“× 月 × 日”，那就是一种绝对的约定。用诸如“有点忙所以没做完”“比想象中要费事，请再延长几天吧”等借口违背约定的人，自食其言，不足为道。

不仅是出版行业，无论任何工作，按期交货都是一种常识。如果不重视截止日期，你的工作和生活就会被时间追赶。

在有时间限制的情况下，如何才能不被时间追赶，顺利地完成自己的工作呢？答案只有一个，超越时间。

一般情况下，我最迟也会在截稿日期两三天前就提交稿件。只要没有特殊情况，我都会比约定的见面时间提前十五分钟到达约定地点，工作中的各项任务也都会提前完成。

与其说我是急性子，不如说我是有意识地这么做。不要被时间追赶，要始终让自己去追赶时间。要让自己超越时间。这样的话，就完全不会有被时间束缚的感觉，反而可以轻松地集中精力工作。

我希望与我一起工作的人也有同样的感觉，不会有过多不必要的顾虑。我不会追问对方“这个日程安排怎么样？”对于编辑部的员工们自不必说，对于摄影师、设计师等外部人士也是如此。

这是因为，不给对方带来负担，并且能让对方切实遵守完成期限的方法其实很简单。就是提前开始，仅此而已。

比如说有一项工作需要在一个月内完成，那么就把工作委托提前一个月，要求在截止日期前两个月的时候便开始做这项工作。这样的话，即使出现其他工作突然插进来，或者身体稍有不适的状况，也能充分遵守期限。同时，也有了提升质量的余地。任何工作都可能发生意想不到的状况，因此充裕的日程安排是必不可少的。

估计会有人反驳这种方式，认为提前开始工作，反而会降低效率。这时，我会跟他讲关于两种准备的问题。

那就是物质准备和精神准备。

所谓物质准备是指工作流程、健康管理、调整生活节奏、与相关人员的沟通交流等等，还包括事前调查、预约、具体安排等内容。

为了保证工作按期完成，最重要的是做好精神准备。即使是期限很短的工作，精神准备也非常重要。

比如说，我计划在某一天用两小时完成一份重要的企划书。物质准备我一定会认真做好，而精神准备，我基本在十天前就已经做好了。

首先，要在心里朝着企划书的计划日期开始迈步。

从两三天前开始，我便尽量不安排与他人会面。因为与人见面，万一引出了什么麻烦事，使我心理产生波动的话，我的状态就会变得很混乱。

即使对方是很优秀的人，也要避免见面。因为无论对方有多么好的意见，都可能在无意间扰乱我的想法，甚至对其中的精髓部分产生很大影响。

也就是说,为了坐在桌前开始工作的那个瞬间,你要慢慢地切断与外部的接触,提高专注力。即使在计划的前一天偶然接到朋友的电话,邀请你去吃饭,也要坚决拒绝。

就这样,为了开始工作的那一瞬间,我从十天前就谨慎地迈步前行,一旦拿起笔来,就可以使专注力爆发。

只有如此精心准备,才能严守交货日期,最重要的是能够高质量地完成工作。无论资料收集得多么完美,如果在开始工作的前一天和别人吵架的话,心情就会变得烦躁,高质量完成工作的概率也会变得很低。

我之所以如此重视精神准备,是源于年轻时的痛苦经历。我当时傲慢地认为“工作和休闲是两码事，毫无关联”，因此任意妄为，结果在工作时被感情所左右，没能发挥出自身的能力。当时那种追悔莫及的心情，让我学会了如今的这种源于自身感受的方法论。

相信大家已经意识到，为了不被时间追赶，事先做好准备，先发制人是多么重要。用完美的准备来抢占先机，效果非常显著。

这不仅限于工作，世间的很多事情都是无法预料的。无论是人与人的相遇，还是某种机遇或运气，大多是突如其来的。

虽然我们经常说某人运气好或不好，但如果突然时来运转，幸运降临，你是否能够把握得住呢？这就要看平时你是否做好了准备。

比如一位替补的棒球队员，无论什么时候被安排上场代打，都能打出安打才行，这就要求他平时必须经常练习，这就是一种准备工作。

无论物质上的准备还是精神上的准备都非常重要，这一点一定要牢记于心。

甚至可以理解为工作的本质就是一种事前准备的行为。

时间安排要有规律

我认为每天坚持自己的生活方式、思维方式和自己的规则，是做好工作、把握机会的绝对条件。正因为如此，生活有规律，重视日常习惯才更加重要。

可能听到这里，不熟悉我的人会露出不可思议的神情。认为我经常去旅行，又喜欢一个人独处，怎么看都是一个随心所欲、自由支配时间的人。但这完全是误解，为了挤出自己独处的时间，我的日常生活非常有规律。

换言之，接触新事物，找回自我的旅行，对我来说也是必不可少的日常之一，因此从一开始就包含在我的日程安排当中。

我的日程安排的时间单位为六个月，一个月，一周，一天。以“基本能够看到半年后的状况”为前提，从后向前逆向推导。

我每天早上五点起床，从来不用闹钟，都是自然醒。我多年来一直五点起床，因此生物钟已经自然形成了，休息日原则上也是同一时间起床。

我将自己的上班时间定为八点。到编辑部门的员工正常上班的九点十五分为止的这段时间里，我会通览环顾这一天的工作，这是用于提升自己专注力的时间。

首先我会用护手霜保养一下手背和手指。

放松僵硬的皮肤和关节，用香草的芳香来调整心情。对于没有抽烟喝酒这些嗜好的我来说，这种香气能够让我放松情绪、转换心情、集中注意力。

接下来，我会确认上一章介绍的信息卡。

掌握工作进度，如有变更就重新填写。将卡片摆在桌子上，把目前所涉及的工作可视化，就能知道今天一天的工作顺序，以及应该在哪里重点投入。

然后，是写信的时间。

我不怎么安排与人见面，电话和邮件也都控制在最小限度，所以写信是最好的交流方式。要想写出一封饱含心意的感谢信或委托函，还是独自一人的时候写比较好。

之后，员工们要来上班了，我决定上午不打开电脑，这是为了尽可能减少与外界的接触，集中精力做好自己的工作。

下午是会议、采访、撰稿等与人接触的时间。

明确地区分上午和下午的工作，可以让自己全身心地应对每个时间段的工作。《生活手帖》的工作基本上不会加班，只要认真执行预定计划，就不会出现工作完不成的现象。

在每天日程安排上有两件事情需要注意。

第一，不仅要记录与别人的约定，也要将自己的预定计划写清楚。

在记事本上也要注明自己的预约，包括个人应该做的事情，都要在“Things to do”笔记中分条详细列出，明确地体现工作和生活两方面的内容。

第二，要经常有意识地停下脚步。

制订日程计划的时候，经常会为了按时完成预定计划，不知不觉就忘记了初衷，而选择了速度优先。严守截止日期，尽早完成工作固然很重要，但如果只是追求速度，就没有时间体验过程，而且很容易出现质量问题。

工作进展得越顺利，我每天停下来思考的频率就会越高。每次停下来的时候，我都会问自己，是否被别人的指示和时间的限制所影响？虽然是自己决定的日程安排，会不会被其束缚了自己呢？

就好像无数的人挤在同一条路上，使你看不见周围的情况，即使是自己再熟悉不过的道路，也很可能会被人流带走。工作也是如此，在群体中工作，很容易受到其他人的影响。

在工作中如果随波逐流，就无法做自己真正想做的事情。因此，有时候需要停下来认真思考，每天都要停顿几次，给予自己这种思考的时间。

名片和文件都装进大脑

交换名片并没有那么重要。我是这么认为的。

没有名片也可以工作。如果不递给对方名片就会被他遗忘的话，也许自己就是个无足轻重的人吧。

愉快地寒暄，进行自我介绍，如有必要就交换一下联系方式。这样就足够了。

如果无论如何都想展示自己的话，也不要依赖于名片，要以自己的方式考虑如何展现自己。只有这样，对方才有可能留意到你的显著特点。

在与人交往的时候，如果过于依赖交换名片的方式，而失去了人性化的交流，那就成了本末倒置。要想实现“认真承诺”的决心，迈出重要的一步，名片只是工具之一，不能完全依赖于此。

“握一次手所得到的信息要比交换名片多得多。”

我经常有这样的感觉。一个人的手的大小、柔软度、温度、当时的表情等等，都是输入到大脑的第一手信息，大概对于对方来说也是一样的。双方的形象立刻刻入了彼此的内心。

尽管如此，在现实中还是会收到很多的名片，其实这些名片可以直接用于联络记录本，使用起来很方便。

比如，如果这个人与你共同进行某个项目，那么只要将他的名片附在企划书或建议书上，需要联络的时候立刻就可以打电话或发邮件。一旦项目结束，交往也就结束了，这时可以将名片和纸张一起处理掉，避免积攒过多的名片。

对于长期交往的人的名片，无须将其整理到名片夹中，只要在地址簿上抄好联系方式就可以了。虽然难以直接将其丢弃，也许会一直摞在某个盒子里，但这样一来，就不需要再去寻找这张名片了。

不仅是名片，相关的东西越少，与工作的关联度就越紧密。

我的桌子上没有任何文件。对于正在进行的项目，虽然也有归档文件，但这些文件仅限于必要的最小限度。

这是因为文件资料总是在变化。

比如《生活手帖》的春季特辑企划书，需要多人一起讨论，并随时追加变更。因此，原始数据就变得毫无价值了，最终版本才是最重要的，内容一直在不断变化，所以保存这些中途的资料没有任何意义，一旦开始保存就会永无止境。因此，我的电脑里是没有这种资料的。

我的藏书也非常少，无论是书籍还是工作文件，只要把必要的东西放在大脑的抽屉里就可以了。

但是每个人的大脑容量有限，因此要避免过度填塞。放进去一个，就要扔出去一个。和整理物品一样，大脑也适用于这个原则。

要想在工作中产生好的想法，做出好的成绩，就一定要始终保持良好的整理整顿的状态。

简化工作用品

我将工作用品缩减到最少的限度，必须保留的是笔记本和笔。

笔记本里有地址簿和写稿件用的笔记页，还有“Things to do”的功能页。我认为这个“Things to do”是最重要的格式，能够将日程、日历等信息全部罗列、一览无余。我们只要将应该做的事情的内容和日期放进去，就足够了。

除了笔记本以外，我还会随身携带一个小的记事本，用于记录随时想到的事情及备忘。如果说笔记本是为了写文章用的，那么这个小的记事本就是为了记录单词而用的。

小记事本大概每两个月就会用完一本，所以不必拘泥于品牌，哪种都可以。

关于笔，基本上我会使用非常普通的圆珠笔。此外，我的笔袋中还有校对用笔、印章、自动铅笔，以及签名用的七色彩虹铅笔。

我常年使用的最喜欢的一款自动铅笔，它的笔芯和普通铅笔一样粗，写字很方便，上面印有青山（青山是日本东京都港区的一处地名）的一家酒吧“RADIO”的字样，是这家酒吧大约二十五年前附送的赠品。

“RADIO”酒吧是我年轻时第一次接触成人的世界，并从形形色色的人们身上学会与人交往的方式和社交礼仪的地方。正是因为这支笔承载了许多记忆，即使笔身已经有些裂纹，对我来说也是非常珍贵的宝贝。

而且，虽然是一支自动铅笔，却有着和普通铅笔一样的书写体验，因此我会一直用下去。

彩虹铅笔写出的字，根据角度不同会呈现出各种颜色，非常有趣。我认为不必规定只能用黑色和蓝色笔签名，如果用彩虹笔的话，就算字写得不好看，颜色的变化也独具特色，看起来也会很漂亮。

这种笔好像并没有在日本销售，所以每次我去旧金山的时候，都会在现代艺术博物馆（MOMA）的商店里购买一些。

我平时会将校对用的红笔和写信用的百利金钢笔放在办公室和编辑部，很少随身携带，信息卡也都放在办公桌上备用。

照相机我喜欢用徕卡的，这应该属于一种爱好。除了笔记本和笔以外，我使用的其他工作用品还有用于工作的手机和有香味的小商品。

我曾在前面说过，香气是我唯一的嗜好，是消除压力，提高专注力必不可少的东西，因此我会常备护手霜。

把这些东西汇集起来放进包里，工作用品就一应俱全了。

大家都知道我从来不会随身携带笔记本电脑，打来电话也几乎不接，因此我的手机铃声也很少响起，感觉手机就是为了怕自己有急事才配备的。

我始终坚持用最少的用品轻松地进行工作。

要尽量使用自己的大脑和双手

到了公司第一时间就打开电脑，这大概是任何一家公司都司空见惯的景象，我也完全可以理解，但是有的人回家后的第一件事也是打开家里的电脑，这让我觉得匪夷所思。

我甚至想问问，那个黑箱子里到底有什么东西？

我也需要发邮件，我认为电脑在数据交换方面非常方便，尤其是需要和国外进行交流的时候。

但是，过度依赖电脑也会产生很多问题，一定要意识到这一点。

很多人的电脑主要用于上网、发邮件、制作文件等。虽然网络很方便，但我认为，从亲眼确认的重要性方面来看，这些信息并没有太大的价值。

邮件是一种便捷的工具，但是比起互发邮件，直接见面更能产生深层次的交流。因为用邮件无法把握对方的情绪、表情、语调等信息，而这些信息对交流来说非常重要。

所以我会尽量少发邮件，这样的话，还能够避免接收很多不必要的邮件，省去每天查收邮件的时间。我始终相信，如果有时间来回收发邮件，不如用钢笔写一封真挚的亲笔信，那样的话，工作质量会提高，人与人之间的关系一定会变得温暖起来。

此外，电脑和其他 IT 产品的另一个缺点就是让自己的大脑不再积极思考。

“打字”和“书写”是完全不同的两种行为。在电脑上输入文字的时候，其实并没有进行真正的思考。未经深思熟虑写出的文章，是不会留下深刻印象的。因此，最终写完以后还是需要打印到纸上再重新审视。

反之，用手书写这个动作需要心手并用才能完成，需要更深入的思考。无论是写文章还是记笔记，都在大脑和手指上留下了记忆，已经留存于你的意识之中，因此无须再重新审视写出的内容。

我会经常翻看手写的笔记，与其说是为了重新审视，不如说是为了把它们记在脑子里。有时翻开以前的笔记，并非为了仔细阅读，而是为了将大脑中已经整理出来的信息做一个索引。

更值得注意的一点是，对于信息，我们不能只是被动地接受。

无论是邮件还是网络，我们都只是坐在那里一动不动地被动接收着信息，并非自己主动采取行动获取信息。真正有用的信息不会从天而降，只能自己去主动获取。所谓信息，其实就是一种经验。

我认为不必过于相信二手信息甚至三手信息，这毫无意义。

假如我在网上写了一篇关于某处的土地信息，

但那只是写出了我在电脑前的那一时刻的所观所感，是否值得信赖就另当别论了。因此，一定要重视自己看到和感受到的第一手信息，因为它们更接近于事实。

如果等回到办公室打开电脑，也许还会因为忘记密码而苦思良久，那么还是在现场立刻拿出笔记本记录的效率更高，甚至可以质疑一下，在工作中是不是就一定离不开电脑呢。

虽然我列举了电脑的很多缺点，但我要在此补充说明一下，我丝毫没有要否定新事物的意思，不仅是 IT 产品，我认为对一切新生事物都应该有所了解。

我虽然不使用 Gmail 或 Skype 等软件，但是每当出现新的软件，或者某些软件升级后产生新的变化等，我都会尽量去了解或体验。

作为一名专业人士，我需要了解社会潮流的变化，要意识到随着某种功能的出现，会带给工作环境怎样的变化。而且，一旦知道了新功能将为社会带来的便利性，也会心生感动。

“哇，好厉害，还能这样啊！”首先，肯定新事物的出色之处。之后，再冷静地思考“这个功能适合自己使用吗？真的是自己工作中所必需的吗？”最终，我得出了不使用的判断。

每当和摄影师聊天的时候，一定会出现喜欢数码相机还是胶片相机的话题。我本人喜欢胶片相机，相信有很多人跟我一样，不习惯使用数码相机。但也有很多人放弃了对胶片相机的执着，改用数码相机，也一样得心应手。

但是，当我向一位坚定的胶片派摄影师咨询关于数码相机的性能或最新款相机的功能时，如果他不假思索地回答“不知道”的话，我就再也无法信任这位摄影师了。

到底选择胶片相机还是数码相机，根据个人喜好，因人而异。摄影师这一职业的目的是“拍照”，无论胶片还是数码都能够实现这一目的。

但是完全对其他事物不感兴趣，不知道行业的变化，也不试图去了解的人，不能称为专业人士。闭门造车、固执己见的人，是不懂得学习的人。

真正的专业摄影师，一定对最尖端的数码相机也非常了解，并在此基础上，经过慎重考虑而选择了胶片相机，这种态度才是正确的。

学习一种新的 IT 技能需要付出很多努力，一旦学会了就会非常高兴，并容易头脑发热、不假思索地当场决定购买或使用。提醒大家千万要注意这一点。

但是，如果在学会的基础上，经过慎重考虑，最终决定使用或不使用的话，即使暂时不使用，也会找出一条更适合自己进步的道路。

要想不让自己被电脑绑架，首先就要改掉无意识开机的习惯。

凡事要尽量使用自己的大脑和双手，如果一定需要电脑的辅助，可以把电脑当成和剪刀、订书器、计算器一样的工具，偶尔才去使用一次。只要养成这样的习惯，就会有焕然一新的改变。

屏蔽无用的信息

尽量屏蔽信息。这是我对待信息的态度。

虽然希望了解多种多样的信息，但并不意味着盲目地让各种信息都一拥而入。

比如坐电车的时候，吊环拉手的广告会跃入眼帘。在家的时候，即使不想看，也会从打开的电视中收到很多信息。听着周围人的对话，从励志“鸡汤”到市井八卦，始终不绝于耳。

如果不在适当的时候屏蔽这些信息，就会被它们牵着鼻子走，动摇自己的信念。而且，像这样的信息无论收到多少，也很少有有用的内容。

我不怎么上网和看电视，报纸也是跟大多数人一样，订阅了《日本经济新闻》《朝日新闻》和《读卖新闻》。

或许有人会问“你说要屏蔽各种信息，但不也读了三种报纸吗？”但其实我并没怎么读报，而是“看”报。我一般会“哗啦”一下打开报纸，随后浏览一下各种大小深浅不同的标题和其所在位置。

有时候虽然看到某个标题的字号很大，但如果自己对这个内容不感兴趣的话，就不会去看里面的详情。因为无论是犯罪类新闻还是政界的动向，我都会怀疑里面的内容到底有多大程度的真实性，所以不看也罢。

看报纸对于我来说，就好像在眺望一幅山水画，根据画中的深浅强弱，我能够从中发现自己“不知道和不了解的事情”，这是报纸对于我的真正意义。

比如，以报纸为契机，我开始想了解“迪拜危机的背景是怎样的”，这就引发了自己对中东历史的好奇心。

另外，要把不懂的词语记下来，放入前面所述的“不懂的问题盒子”中，作为学习时的材料。

关于杂志，比如《COURRIER JAPON》、《新闻周刊》（日文版）等，都只是一些客观信息的单纯罗列而已，可以以这类杂志为契机，培养自己的某些兴趣。

书籍的话，我会购买各种各样的新书或二手书籍，主要是为了学习从报纸和杂志中找出来的不懂的问题。我不会因为书里有答案，便囫囵吞枣地读完。因为通过看书学习，虽然可以稍微接近自己想知道的答案，但是，书中也会出现自己不懂或有疑问的地方，所以还会再去看书，如此不断反复。

比如，我一直对埃及很感兴趣，正在调查研究公元前三百年由托勒密一世创建的亚历山大图书馆。《读花椿》这本杂志曾经连载过以那个时代为主题的小说，但也只是寥寥几笔提到了这座在很久以前就被烧毁的梦幻图书馆而已，还有很多地方我都没有弄明白。

在调查亚历山大图书馆的过程中，我翻阅了许多相关的书籍，有些书里的内容明显是错的，令我非常惊讶。所以，只读一本书是远远不够的，在读了几本书之后，矛盾之处才会浮出水面。要想从这些书中找出当年的真相，无异于一场万里长征，但这个探索和学习的过程却让人感到无比兴奋、欲罢不能。

因此，就读书而言，也一定要屏蔽那些错误的信息。

屏蔽某些信息，对信息进行取舍和选择，并使之不断循环起来非常重要。好不容易学到的东西，如果不使用的话就太可惜了。信息是无法一直留存于大脑中的，如果一直不断输入信息而不考虑输出的话，这些信息就会被自动遗弃了。

一直留存于大脑而未被利用的信息，随着时间的推移，其价值也会降低。在前面讲到过，这是因为信息其实就是一种经验。

就我而言，信息的输出方式之一就是写作，但平时我更多的是与人交流。如果我觉得“这个信息对他有用”，那么无论是同事、客户还是朋友，我都会立刻说出来。

如果这个人将我所传达的信息以不同的形式发挥了作用，那么就构成了新的信息。这个新的信息再传达给别人，而那个人又能有效利用的话，就再次构成了新的信息。如果无限重复这一过程，总有一天会通过在世界各地的传递，再次给自己带来全新的信息。

所以，只要自己不断地输出经过确认的信息，无论信息量有多少，都能够经常让自己获得满意且高质量的信息。

第六章

设计自己的职业生涯

挑战不同于赌注

在设想自己的职业生涯时，可能有人会设定好目标，并决心朝着目标努力，但很多人忽略了最重要的事情，就是到达目标的路程，也就是过程。

“我希望自己有一天有能力去做那样的工作。”

“我想实现那样的工作方式。”

如果自己有这种强烈的愿望，最好早点儿改掉对结果经常患得患失的毛病。

工作的乐趣就存在于那些感觉很麻烦的事情中。

这是因为，如果设定成“工作的乐趣=结果”，那么就永远只能追求好的结果，但这是不现实的。

但是，如果你专注于体验和享受工作的过程，那么无论最终工作进展得顺利与否，在走向终点的过程中，你一定能够学到和发现很多新的知识。结果当然也很重要，但一定要认真地遵循最基本的过程。这种不断反复的过程才是成长，从长远来看，这种成长的过程才是真正构筑职业生涯的过程。

欲速则不达，如果一味地追求快速实现的小成就，等过了十年后再回头看的时候，才发现原来你收获的东西微乎其微。

“我想在短时间内取得成就。”

“不想那么麻烦，我想轻松地越过那些难题。”

这种焦躁的工作模式有个最大的弊端，就是放弃了挑战。如果不想做那些麻烦的事情，只想尽快完成工作的话，其实也非常简单，选择那些绝对不会失败的工作就可以了。

工作本来就分为安稳的工作和有挑战性的工作这两种类型，在我看来，没有比富有挑战性的工作更有趣的事了。

富有挑战性的工作需要拥有果断地从高处一跃而起的勇气。因为，这种工作成功的概率只有一半，甚至稍有不慎，失败的可能性更大。

要想构筑自己的职业生涯，挑战是必不可少的。为此，必须勇于完成复杂艰巨的工作并承受失败的痛苦。

如果你不想总是小心翼翼、日复一日地重复现在的工作，就要勇于进行各种挑战。至少我始终怀有持续挑战的勇气，无论到了多大年龄都希望继续挑战，为此也一直在努力着。

我想补充说明一点，那就是挑战不同于赌博。

虽然上面说过挑战就是“果断地从高处一跃而起”，但并不是闭上眼睛听天由命。要完成某件事情，单纯靠勇气和蛮干是不行的。无论结果是成功还是失败，冷静的判断力、信念以及事前的周密准备都是必需的。

“自己的实力目前是这个程度，从目标的高度来看，成功的概率是百分之五十”，在做出这样的判断的基础上果断地一跃而起，这才是挑战。

“虽然我搞不清楚，但还是听天由命吧”，在完全没有把握现状的情况下就盲目地往下跳，这是赌博。

要想挑战，就需要让“学习和思考”成为自己能够腾空跃起的可靠跳板。所谓挑战，就是一种把自己变成主体的行为。

但赌博完全不是这样，而是一种放弃责任的行为。

放弃自我，把自己的一切都抛给命运做主，即使成功了，也无法实现个人的成长。如果失败了，也只会用“运气不好”或者“不能怪我，这是命运”等借口来为自己辩解。

经常听到有人说“不做怎么知道自己不行”之类的话，但我并不认为这么做是对的。工作的本质就是要集中精力去完成那些成功概率很大的项目。一个只凭直觉就去尝试，并取得成功的所谓天才之人，我认为属于一种“确信犯”（指做的是和自己的良心相照，自己认为是正确的事情，而坚信周围的人、社会、政府的命令、议会立法是错误的，继而进行犯罪的行为）。

挑战前，要预想到其成功的概率大概是“百分之五十左右”或是“虽然失败的概率很高，但是只要把这里弄懂就能解决”，之后再去实行。

挑战失败了没有关系，没有任何失败比赌博所造成的损失更大，这一点一定要牢记。挑战的失败是一次很好的经验，因为对自己来说，又收获了一个很好的信息。

受益终生的原则

“每天”这个小小的点，会在不经意间构成“职业生涯”这根线。我对此深有感触。所以，我认为工作要持续长久地做下去，这点非常重要，而且原则要越简单越好。

我最基本的原则是“诚实、亲切”。我把这个作为自己的座右铭牢记在心。

除此之外，还有几个常用的原则，也一起分享给大家。

原则一是不虚伪。

如果自以为是，或者不懂装懂，那就什么都学不到。反之，如果能够对人坦诚相待，不耻下问，绝大多数人都会给予回应。除掉自己的伪装，就可以终身不断地学习。

原则二是要效仿他人。

作家立松和平先生说，学习也是一种效仿他人的行为。立松先生一直从事道元禅师的相关研究。道元禅师是一位高僧，备受尊敬，很多僧人都在效仿道元禅师。但立松先生说，即使是道元禅师，也只不过是在效仿释迦牟尼而已。

婴儿出生后学习语言，最初都是从模仿妈妈说话开始的。在日语中，“学习”的语源就是“模仿”。

坦诚之人，就像一张崭新的画布，可以不断地效仿他人的优点。最终，这些将成为自己的优点。

原则三是不要说谎。

对自己来说，这点必须铭记于心。但是对他人，我们不必因此而谴责他人的谎言。即使发现并揭发了别人小小的谎言，对自己来说，也并没有什么好处。如果能对自己的谎言和他人的谎言区别对待，就会大大减少工作上的摩擦。

原则四是信守承诺。

无论多么小的约定都要信守承诺。信用是关乎自己在职场中生存的无价之宝。

信用的构筑并非一蹴而就。只有将无数的小零件堆叠组装在一起，才能建成。遵守截止日期也是一种约定。不要将“下次一起喝茶”这句话仅仅当作一种社交辞令，一旦说出口，就要真的邀请对方喝茶，这也是一种约定。

原则五是自立。

无论公司职员还是自由职业者，如果想要拥有自己独立的工作方式，就不要依赖他人，要自立自强。

为此，最好的方法就是自己先好好思考。要反复思考，反复问自己，并自己去寻求答案。在这个循环往复的过程中，自然而然会产生行动。

原则六是不要贪心。

在从事编辑工作时，总会有人很贪心地希望“这个也要放进去，那个也要让大家知道”，但是，创作者的这种任性和强行加码，读者是不会接受的。为什么这么说呢，这是因为很多内容虽然看起来丰富充实，但其实是一种错觉。就好像宴席中料理的种类过多一样，大家只感觉到吃了很多，但却不知道到底都吃了些什么。

过于贪心，就无法表达出自己真正的想法。简单地工作，简单地表达。这一点适用于工作的任何方面。不要什么都事无巨细，而要简单归一。

原则七是用心。

无论什么工作，永远都要用心去做。要想发挥自己的全部技艺来泡一壶最香的茶，一定要用心才行。泡茶其实很简单，但用心泡出的茶，味道是不同的。同样，用心完成的工作和单纯为了完成任务而完成的工作，质量也一定是不一样的。

坚定信念，不要随波逐流

我认为在工作中，始终怀有一种不安的心态是件好事。

“这种方法可以吗？”

“朝着目标稍微前进了一点儿吗？”

“这条路走得对不对呢？”

工作中充满了这种困惑，怀疑，不安。

甚至可以说，如果工作中没有这些不安之感，反而是一件可怕的事。大胆地去担心、去迷茫吧。因为只有这样才能不随波逐流，坚持用自己的方式去工作。

以公司的业务项目为例，就很容易理解了。

项目实施的过程中，每天都有各种复杂的事情交织在一起。利害关系、人际关系、金钱、时间、价值观、品质等等因素混杂在一起，本来就很复杂，而且根据情况的不同，还可能随时发生令人应接不暇的变化。

比如本该“稳步推进”的一项工作，由于发生了接连不断的突发状况导致项目迟滞，最终推进计划只得变为“必须要在期限内完成，必须抓紧时间！”

再比如双方本来约定好要“制造出史无前例的新产品”，但由于与销售目标相冲突，最终战略转变为“制造出虽非独树一帜,但销售量稳定的产品”。

任何事情都不可能一直保持初衷，一成不变。每次都要根据不同的情况调整具体的方法、战略、方针。如果一直把焦点放在眼前不断变化的战略上，一味地笔直前进，就很容易在不知不觉中被周围的状况所左右，这在工作中十分常见。

遗憾的是，很多人都会因此背弃了作为公司根基的公司理念，甚至是自己内心的信念。

如果什么都不做，就会随波逐流，因此才需要经常抱有一种不安之感。拿出勇气停下来，重新回到自己的信念上来吧。

无论任何情况，一旦背弃了自己的信念，即使遭受一些损失也要立刻修正回来。在工作中有时候需要妥协，但对于信念，坚决不能妥协。

这是一种坚决不能丢弃的勇气和自尊。

有时候也常出现虽然背弃了信念，但最终结果也很好的情况。尤其是在经济不稳定的年代，人人都只看重数字目标，“销量好就是硬道理”的理论盛行一时。

但是，即使结果看起来不错，但如果这个项目本身背弃了信念，参与该项工作的所有人将来一定会后悔。

“虽然经过大家的同意，也有销量数字的支撑，但无论怎样这都是一件背弃了信念的事情，是不会有好结局的。”大家的心里都会如此痛苦，并逐渐试图忘记这个项目的存在。

其实在现实中，为了销售额而妥协，背弃了信念，最终却能成功的情况并不多见，大部分情况都是即使为了销售额而妥协，背弃了信念，但却仍然以失败告终。

其实，由于上述这些产生突发状况而导致背弃自己信念之事并不常见，信念往往是被悄然侵蚀掉的。

“我太忙了”，每天都在不停奔波。

“我知道，但是没办法”的这种借口。

“现在是紧要关头，别说那些无关紧要的话”的一脸正色。

这些小小的沙粒一颗颗堆积起来，会使信念逐渐分崩离析。

不管发生什么事，都要坚持自己的信念。“这十分困难，但非常重要”，是难能可贵的品质。

因此，虽然有时会感到不安，也要随时确认自己的信念，脚踏实地地走下去，不要迷失了方向。

如何爱上工作

“一次偶然的机遇，我开始了这份工作。”

如果你去问那些成功人士，几乎都会得到这样的回答。

至少，从一开始就认定这是自己擅长且喜爱的工作，并且能做到善始善终的人极其有限。可能仅限于一些职业运动员和艺术家之类的人物吧。

大多数情况，都是通过偶然的机会开始工作，在做的过程中有了一些发现，并渐渐喜欢上这份工作，这种过程才是最自然的。

为什么这么说呢，这是因为自己擅长什么，如果不去尝试一下是不知道的。

甚至包括自己喜欢什么，如果不去彻底尝试一下，也不一定能够完全弄懂。

就好像从未当过律师的人，即使心里认定“律师才是自己擅长的，也是自己喜欢的工作”，那也仅仅是对这种工作的自我认知中一个随意的印象而已。而实际中的工作远远比这种印象的轮廓要大得多，在工作中还会遇到各种各样可以突破和扩展的空间。

因此，不要对一切都全盘否定，只有接受才能带来扩展的可能性。

例如，非自愿的部门调动。

或者，在不喜欢的行业就职。

要敢于果敢坚毅地全盘接受。不要唉声叹气地劝慰自己“忍过这段时间就好了”，而是要让自己振奋精神、全心全意地投入其中。这才是找到自己擅长、喜欢的工作的唯一途径。

任何一条路，如果不试着去走走，就根本不知道哪条路是自己喜欢的、是否和自己希望的一样，抑或是不是自己既喜欢又擅长的。

站在山脚下，认为“这座山和自己想象的不一样”，所以一直驻足不前的话，那么眼前的景色永远不会发生变化。不去试着爬山，即使自己喜欢的那座山峰就耸立在眼前，他也不会发觉。

就好像地图和导游手册无法尽数大山的全貌和严酷的状况一样，工作的真实情况仅仅依靠收集信息是无法全面了解的。在有限的时间里，是不情不愿地勉强挪步，还是轻松愉快地前进，完全取决于你自己。但可以肯定的一个简单的事实是“不走是肯定无法前进的”。

把接收到的一切都当作是机会，并对此表示感谢吧。这绝不是惺惺作态。即使从单纯的得失方面来考虑，也一定是全盘接受的好处最多。

如果你感觉现在的工作并不适合自己，那么首先要试着努力让自己做得开心。什么都不想，就像一个天真纯洁的孩子在一个人做游戏。长大成人后就很少能一个人玩，即使有机会，也无法享受其中的乐趣。

成年人的快乐是能够给他人带来快乐。

即使做着自己不喜欢的工作，但只要有人能够通过这项工作得到真正的快乐，那么自己也会逐渐变得快乐，终有一天会爱上这份工作。即使是那些又脏又苦又累的工作，只要能够切身感受到这项工作的确给他人带来了帮助，就能开心地从事这项工作，感受到自己的价值。

和单纯追求个人利益相比，能够对他人有帮助这个目标能让人收获更多的快乐。这不就是所谓工作上的成功吗？

另外，非自愿的人事调动也可能是一种考察工作能力的测试。要想了解一个人在突发状况下的适应能力，这不失为一个最便捷的方式。

总而言之，我的结论就是不要轻易否定自己，不要妄下断言认为“这个工作不适合自己，我做不了”。

充裕的储蓄

金钱上的失败，一定要趁年轻的时候解决。

如果你还年轻，那么类似欠款引发的纠缠，过度花销带来的困境等，这种在一定范围内的损失是可以接受的。如果你还年轻，这也是一种人生经验，能够让你感受到对于朋友间借贷关系的厌烦，学习到与金钱利益相关的人际交往的复杂性。

如果你还年轻而且单身，一旦在金钱方面失败了，还有挽回的余地，退一万步来说，你的身后还有父母的帮助。这些让父母伤心失望的惨痛经验教训，一定要在年轻的时候解决好，将损失降到最小。

关于存款，如果结了婚有了孩子，最好能将一整年的收入额存入银行。万一出现紧急情况没有了收入，这些存款是暂时养活一家人的最低限度的责任储备金。

但是，如果你是单身或者还没有孩子的话，我认为银行存款不是最佳选择，要为提升自己的内在而投资，作为一笔“无形资产”来储蓄。通过我自己的经验来看，这样做的话，将来能够收获好几倍的回报。这样对比的话，名表和名车只是单纯的物品，无法成为充裕的储蓄。

每当需要花钱的时候，我都会认真思考“是浪费，还是消费，还是属于充裕的储蓄”，我会把金钱当作自己的朋友，去寻求答案。

“把钱花在这里，金钱会感谢我吗？这样使用的话，金钱会不会感到伤心呢？”

如果用于赌博，这位金钱朋友会高兴吗？

去一个不认识的地方旅游怎么样？

如果花钱去学习一项全新的知识，金钱会怎么说呢？

如果把金钱看作朋友，根据它的想法仔细思考后得出的结论，应该是不会错的。

不可思议的是，金钱具有“如果花得开心就会自己回来”的性质。和金钱搞好关系，和金钱成为朋友，这大概就是最好的投资技巧吧。

作为其中的一个环节，钱包要始终保持整洁，无论纸币和硬币都要好好对待。

如果你有过多的银行卡，或疲于应对各种小额贷款的还款，那么就需要好好检查一下自己的心理状态，而非急于改善贷款状况和收支情况。因为小额贷款本身就是解决一时之急的非常规行为，如果平时经常去借小额贷款的话，明显是一种病态的表现。浪费其实是一种自我需求得不到满足的表现。

通过金钱的使用，能够看清自己急需弥补哪些东西，努力去满足这方面的需求，就能够最大限度地抑制浪费。

相信直觉，鼓起勇气

有时候，在特定的情况下，我们的直觉，往往起到至关重要的作用。比如，有一条道路，从客观上看似乎不应该选，但只要直觉告诉我说“可以走”，我就会毫不犹豫地遵从我的直觉。

要想做好日常工作，决断力很重要。每当我因多项选择而陷入苦恼，或者犹豫某事该做还是不该做的时候，我都会凭直觉做出判断。

不用在意周围的状况，也不必理会所谓的聪明人给你的建议，无论有多少“前车之鉴”或“成功案例”，都要按照自己的直觉坚定地走下去。

直觉并不会时时刻刻告诉你要怎样去做，但很多时候直觉给出的都是经过深思熟虑的理性的答案。

直觉的声音，需要像爱护名贵的小提琴那样，经常去保养和擦拭，否则就听不见了。

当要做出人生中真正重要的决定时，如果想依赖直觉，就一定要做好健康管理。锻炼直觉最好的方法其实很简单，就是要保持身心健康。

虽然有的人也根据直觉做出了“走这条路”的决定，但他们却无法向前迈进。大多数的原因是他们缺少向前迈出第一步的勇气。只有“直觉 + 决断 + 勇气”这三项俱全，才能迈出第一步。

对于那些不需要做决断的日常工作来说，勇气也必不可少。只要有勇气，即使做的是和以前完全一样的工作，也会产生不同的结果。

那些不需要花费体力也能顺利完成的工作，只要鼓起勇气尝试其他方法，就会展现出不同的色彩。一份普通的工作也能成为有生以来的第一次经验。勇于奋力跃起，就很可能取得好的成绩。

鼓足勇气完成的工作，即使结果和以前一样，也会比以前更有真实感。你会深切地感受到“啊，我做到了”的成就感。或者“我虽然鼓起勇气跃起，但是却在这里出现失误掉下来了”，即使遇到了这种失败，也一定能体验到切肤之痛。不管怎样，这种挑战的经历会改变自己。

但是，如果你没有勇气，只是沿着既定的路线前行，无论结果如何，都只不过是一条无意识中走过的道路。到底是什么样的景色，是否有石块，这些零散的记忆都不存在的话，那么做与不做都是一样的，自己什么都没有改变。

反正无论如何都要工作，不如拿出勇气来好好做。

机会到处都有，但并不是所有人都能够做到。

“是往右走，还是往左走呢？”

很多人会觉得如果只有自己和大家的方向不同，会很丢脸，会被人嘲笑，没有面子，甚至会被人嫌弃。只有直面这种现实，不介意别人的目光，走自己的路才是有勇气的人。

“没有勇气的人，是不想成功的人。”

在工作中，我遇到过很多优秀之人。看到他们，感觉这句话的确非常有道理。

自己不制造“因”，就无法产生“果”。

如果一直等着别人给自己带来结果的话，就不可能获得真正的成功。

直面任何目光，鼓起勇气去工作吧。

结束语

年轻人步入社会时，什么是最重要的

前几天，一位关系很好的大学生后辈问我，今后步入社会开始工作时，什么是最重要的呢？

我没能立刻回答他，因为我觉得这个问题可能也是我需要重新审视的问题。

工作是一种社会关系。如何让自己与社会进行交流？如何能让这种交流创造价值？为此，需要做的最低限度的准备是什么？

其一是要好好地打招呼。也就是要善于问候。问候无论在任何地方、任何时候都能够保护自己。要用充满活力的声音和微笑，自然地与人打招呼。

其二是仪容整洁。日本人自古以来就非常爱干净。每天泡澡、沐浴，保持身体的洁净很重要。即使衣服和随身饰物并非名牌，只要整洁干净，也绝不逊色于他人。但如果穿着奢华的名牌，却邋遢不整，那么高档品也容易被认为是冒牌货。皮肤、头发、气味、服装、饰品等各个方面都要保持清洁。虽然这是理所当然的，但现实中却意外的困难。重新审视一下自己，再检查一下自己周围的环境，办公桌、车子里、自家玄关、每个房间、衣柜等。这些工作和生活场所，如果不能尽量保持干净整洁的话，自己的仪容仪表也不会有真正意义上的整洁。无论什么时候和任何人见面，都要保持仪容仪表整洁，使自己看起来光彩照人。

其三是不要忘记笑容。有一次，一位外国朋友在旅途分别之际对我说：“Don’t forget your smile。”你的笑容很棒。这让我意识到笑容能够解决很多问题，能给人带来幸福。但这并不意味着时时刻刻都要保持笑容，但是，不管遇到什么困难，都要用真诚的笑容去面对。经常看到很多人因为工作不顺利、生活不顺心而苦恼，或者为人际关系而烦恼，忘记了难得的灿烂笑容。当遇到烦心事的时候，任何人都能轻易做到的最快的应对办法就是找回自己失去的笑容。无论与人见面、问候他人、与人聊天的时候还是其他任何情况，都要微笑面对。我经常对自己说“Don’t forget your smile”，这句话就像魔法一样有效，请务必牢记于心。

其四是和运气交朋友。千万不要小瞧运气，要让好的运气成为自己的朋友，这对工作和生活都非常重要。那么，怎样做才能使运气成为自己的朋友呢？

就是做到前面介绍的“好好打招呼”“仪容整洁”和“不要忘记笑容”。只要在工作和生活中认真履行这三个原则，就能汇聚好的运气。这种好运在各个方面都能帮助自己。这三个原则任何人都能轻易做到，只要这样去做，好运气就会成为自己的朋友。而且在不经意间，自己周围的环境也会逐渐发生好的变化。

工作和生活，总会伴随着各种艰难困苦，不会总是尽如人意。正因为如此，才要遵守这三个原则，让好运气成为自己的朋友。有件事情大家都应该知道，也一定要牢记，那就是无论多小的事情和行为，都要首先以人为本。不能独善其身，不顾他人。打造良好的人际关系，才能感受到活着的幸福和喜悦。幸福是与他人紧密联系在一起时的一种最强烈的感受，而用钱买到自己喜爱的东西时的那种短暂的喜悦只是一时的。

在工作场所努力发挥自己的创造力，并时时刻刻都做到以人为本。如果那个人是自己的某位家人，你会怎么做？ 如果是你的恋人你要怎么做？如果是个孩子，你又会怎么做？凡事都要以人为本，要牢记这句话。做到了以人为本，就能够发现自己目前必须要改正的事情是什么。

无论在工作中，还是在生活中，不管何时何地，都不要忘记，能够给自己带来幸福的，帮助过自己的，都是“人”。

写于文库化之时

《松浦弥太郎的工作术》出版发行已经两年了。两年的时间，很难说是长还是短，但在这两年内产生了不少变化（工作术方面）。

比如，我最近做了这些事情：

我将那些过去认为有用的，放在身边的诸如书籍等各种物品，以及我曾经认为理所当然应该放在抽屉里的小件物品、资料、无用的小零碎等各种物品，都一口气处理掉了。

自己的必需品越少越好，对于这点我一直很自信，却没想到原来自己所谓的必需品如此之多。因此，我处理了大量不需要的东西，甚至包括衣服。虽然跟别人相比，我的衣服已经算是很少的了，但我仍然扔掉了一些不常穿的衣服。这样一来，我的大衣柜几乎就空空如也了。

把所有可见的物品都缩减到“稍微感觉有点儿短缺”的程度吧。

总而言之，我希望在对正常生活不产生影响的限度内，尽量过一种“什么都没有的生活”。但这并非禁欲主义，虽然这个词很“时尚”，但绝不是那样，请不要误解。而且，我喜欢的常用物品中，很多还是奢侈品。

为什么会产生这种想法呢？我想把这种心境分享给大家。

有一天，我无意中想起一些事。

我回想了一下成年以后，从二十岁到三十多岁的阶段我都做了些什么呢？当时为了学习那些不懂的知识非常忙碌，每天读书、与人会面、看看这个、听听那个、这里走走、那里瞧瞧……因为我想成为比别人懂得更多的人。当时互联网还没有普及，哪怕是很小的事情，都需要付出很多辛苦才能找出答案。但是，从某种意义上来说，这既是一种工作，也是一种自我学习成长的过程。但正因为如此，我拼命地想学到知识，记住结论，反而很少去思考。我突然意识到在我的记忆中也很少留有关于思考的回忆。

我想也许因为是直接学到的知识，所以就认为没有必要去认真思考。对于其他事情也是如此。

虽然学习很难，但思考比学习更难。然而，我不会再以那些学识渊博的人作为目标。正因为什么都不懂，才能让自己经常去认真思考。如果什么都不知道，就会强迫自己去思考，曾经的我就是这样的（大概是在儿童时代）。我很想找回当初的自己。

无论从零开始，还是进行初始化，总之要将自己的一切都清除殆尽，回归那个一无所知、一无所有的自己。这样一来，任何事情都必须用自己的大脑认真思考和发现。当然，所谓的一无所知和一无所有并不是绝对的，很多知识会自然而然地听进耳朵，看在眼里，成为自己的知识，此外还有以前储存在脑海的知识。但没有关系，只要记住要有一种时刻将知识归零的心态就可以了（如果可以的话，我希望能忘记这些知识）。

我希望能像过去那样探出天线，东张西望。但不会再去积极地试图了解什么，也尽量不增加自己的物品。我想通过这种生活方式的变化，去发现新的“工作术”，并对其进行研究学习。

总而言之，我想成为一个不断思考的人。为此，直到现在，我还依然在不断整理我身边的物品。

评价

佐佐木俊尚

我们生活在一个不清楚什么是“根基”的时代。

二十世纪八十年代以前的日本并非如此。那时候，日本社会中有一种很规范的东西，有被称为“体统”的世俗压力，存在着必须遵守的规则。尊长说出的话大都有理有据有义，无论年轻人如何抵触反抗，最后也只能服从尊长。

虽然这个时代的气氛令人窒息，但从另一方面来看也是一个稳定的时代，这是事实。因为，只要按照社会的规则步入正轨，听从尊长的教诲，就不必担心会误入歧途。

那个年代被称为“战后社会”。战后社会到底是什么时候结束的尚不明确。大多数情况下，时代的变化和人们的意识改变之间会稍有偏差。比如，经济学上定义的日本泡沫经济是从 1987 年开始到 1991 年结束。但是，被认为是泡沫经济象征的迪斯科“朱莉安娜东京”的鼎盛时期，实际上却发生在 1992 年到 1993 年之间。直到那时为止，人们依然相信富足的生活还在继续。

对战后社会产生终结之感是从几年后的 1995 年才开始的。在这一年发生了阪神淡路大地震和奥姆真理教事件，并且在两年后发生了金融危机，山一证券和北海道拓殖银行宣布破产。而且，从

2000年左右开始，随着全球化的迅猛发展，日本社会也被卷入了这个旋涡之中。日本民众始终相信日本社会是“总体中产阶级社会”，谁都没有料到日本也会产生贫困人口和贫富差距，以终身雇佣制度和年功序列工资制度为主体的战后社会的基盘逐渐衰退。

有人说现在这个时代的状态，代表着太平洋战争结束以后思维定式的转换，也有人说这代表着明治维新以后社会模式的转换，甚至还有人说，这代表着从江户时代开始延续了四百年的等级社会终于迎来了终结的一天。但是不管怎么说，唯一可以肯定的就是战后社会的规则和常识已经行不通了。“体统”这种世俗氛围已经消失了，尊长之言也只被看成是老生常谈。那么到底什么是对的？什么是错的？哪种生活方式才是好的呢？到底什么才是自己生活方式的根基呢？很多人都陷入了一种迷茫的状态。

为了让这些不知何去何从的迷茫之人走出困惑，社会上出版了很多的商务书籍。但是，这些书籍大部分都是狭义上的对症入座。比如“这种工作将来的收入堪忧，所以应该进入另一个行业”“如果不掌握英语，就无法在全球化的时代生存下去”等等。这些说法也许都是正确的。但是“为什么要这样”“自己的根基应该是什么”等根本性的问题，大部分的书中都没有提到过。

但是，正因为身处这种混沌不明的时代之中，寻求本源的态度才更显重要。因为现在是一个没有根基可以依赖的时代，所以必须自己奠定自己的根基。

松浦弥太郎先生的这本书，从这个意义上来说，的确是立足于“本质”的。

例如书中有一段，讲述的是在爵士乐俱乐部，有一场非常著名的音乐家的演出，松浦先生不知道应该穿什么样的衣服去参加，非常苦恼。有的人认为这是一场特别的音乐会，属于正规场合，所以女性穿着华丽的礼服，男性系着黑色的领结。也有人觉得这是一场爵士音乐会，所以穿着牛仔裤和衬衫等休闲装就来了。他既担心自己穿得过于休闲会不合时宜，又担心穿得太正式过于隆重。

这个时候，一位年长的男士对苦恼不已的松浦先生说："你是去听爵士乐的，所以你不用在意别人穿什么，只要穿着你认为对爵士乐者能够表达敬意的服装就行了。"

为此，松浦先生是这样总结的：

"要想向自己周围的人表示尊重，首先要做到仪容仪表干净整洁。能够做到这点，就会懂得在各种场合下该如何正确地选择服装。”

当事物表面的各种附着物被拨开，你会发现它内在的纯净和简单。“如此不修边幅成何体统？”这是讲究“体统”者的评价。“想让自己看起来很帅气”，这是虚荣心或者说羞耻心在作祟。但是当你摒除了这些杂念，你会发现自己的穿衣风格和人际关系都变得简单而舒适。

我们周围的令人窒息的社会和世俗的舆论压力，随着战后社会的终结而逐渐淡去。在这种情况下，真正的人际关系和真正的自我就会逐渐突显。松浦先生写道：“无论你属于哪里，还是与哪个人在一起，归根结底，你自己这个个体的存在都只能是你一个人，生存的基本单位始终是‘个体’。”他还写道：“所谓个体，就是自己一个人承担所有的责任。用语言说出来很容易，但在现实中，需要极大的勇气和决心。”

支撑这种勇气和决心的就是构筑新的生活方式。

好好吃饭、锻炼身体、睡眠充足。这种有规律的生活比什么都重要。

给大家讲讲我的亲身经历。我从二十世纪八十年代的泡沫经济时期开始到新世纪交替的2000年，一直在一家全国性报纸从事新闻记者工作。工作时间很长，甚至有的时候凌晨三点多才回家，凌晨五点又要去进行下一次采访。我很不喜欢去卡拉OK俱乐部，但为了采访也不得不经常去应酬，喝着装在来历不明的玻璃瓶中的劣质威士忌，在夜深以后，还要再和同事们一起去烤肉店或拉面店重新喝过，过着极其放纵的生活。

每天的这种放纵虽然可以暂时麻醉工作带来的高度紧张感，但是这种生活不可能永远持续下去。

最终我因身体不适而住院手术，并因此离开了报社。后来，我做了三年出版社工作，并于2003年成了自由记者。可以说在那之后的十年里，我每天都在为了重新构筑自己的生活而努力。

大家都知道，自由职业者的工作没有保障，只能靠自己去维护自己的工作、生活乃至身心健康。

首先我开始去健身房锻炼，坚持跑步和肌肉力量训练。为了减肥，我还接受了专家的饮食指导。我本身就喜欢做菜，从与妻子结婚开始，就一直负责日常三餐。如今我从根本上改变了料理方式，减少了肉类的摄入，主食也从以前的意大利面和面包等欧式食材变成了乌冬面和米饭等日式食材。细细品味各种应季蔬菜带来的美味口感。

而且，我每年春天和秋天都要去伊豆高原的辟谷设施两次，这种经历非常独特而有趣。

辟谷持续两天以后，随着饥饿感的增加，各种感官的反应会变得越来越敏锐，尤其是味觉。当饮用代餐的纯果汁时，里面柑橘的味道能将舌头刺痛。辟谷结束后，喝一口用于恢复的淡淡的味噌汤，舌尖就能够敏锐地捕捉到海带汁的味道。辟谷使我对食材的味道变得极为敏感和清晰。这是在平时生活中绝对体验不到的神奇的感觉，对我来说，是一种不可思议的新体验，通过对食材的品尝，我也更加体会到了世界的丰富与美好。

我们的日常饮食中充斥着各种各样的调味料，盐、酱油、味噌、醋、橄榄油、香草、香料等等，甚至还有氨基酸类的调味料。但是，一般认为日本的酱油和味噌的普及是在镰仓时代以后，到平安时代为止只有盐和醋。从这些信息来看，古代的日本料理似乎很寒酸。但是，如果试着体验一下辟谷，你就能切身感到事实并非如此。在没有酱油和味噌的古代，大概每天都能享受到和辟谷一样的味觉感受吧。正因为没有调味料，才能细细地体会食材本身的美味，虽然外表和构成很简朴，但充满了令人惊讶的丰富而鲜美的口感。

辟谷只是一个例子，但也的确属于一种“追本溯源”。虽然目前公认酱油和味噌是必不可少的调味料，但实际上可能并非必需品，也许只靠食材本身的味道就足够了。同样，在我们的人生中，很多觉得“必要”的东西，也许只是单纯的一厢情愿而已。

这些东西也许绝大部分都可以扔掉。同时，应该珍惜剩下的东西。

剩下的东西是什么呢?

是自己的信念，是对他人的尊重，是朴素整洁的生活。松浦先生在本书中很认真，很用心地写出了这些最基本的事情。

比如“思考”这项工作，似乎应该准备很多的工具和材料，感觉这是理所当然的，然而，真正的最本质的“思考”是不需要这些的。

关于思考的方法，松浦先生这样写道，“在安静的房间里坐在桌前，在大脑里放一张白色的画纸”，“在大脑中的白纸上写出最先浮现在脑海的词语。再将这个词语，从各个角度进行提问和深度思考‘这是什么’‘有什么含义’”。

以辟谷体验为契机,我经常思考自己的“原点”。每当感觉生活无望、情绪偏激或者工作不顺利的时候,我都会想起自己的“原点”所在。如果在某个地方设置好自己的“原点”,就可以经常回归到这里。

松浦先生用三段话表达了完全相同的想法:

“如果什么都不做,就会随波逐流,因此才需要经常抱有一种不安之感。要拿出勇气停下来,重新回到自己的信念上来吧。

“无论任何情况,一旦背弃了自己的信念,即使遭受一些损失也要立刻重新修正回来。在工作中有时候需要妥协,但对于信念,坚决不能妥协。”

“这是一种坚决不能丢弃的勇气和自尊。”

我认为的确如此。

图书在版编目(CIP)数据

松浦弥太郎的工作术 / (日) 松浦弥太郎著 ; 富雁红译. -- 南京 : 江苏凤凰文艺出版社, 2020.9
ISBN 978-7-5594-4310-6

Ⅰ. ①松… Ⅱ. ①松… ②富… Ⅲ. ①随笔-作品集-日本-现代 Ⅳ. ①I313.65

中国版本图书馆CIP数据核字(2019)第285330号

著作权合同登记号: 10-2019-671

松浦弥太郎的工作术

[日]松浦弥太郎 著　富雁红 译

责任编辑　李龙姣
策划编辑　颜若寒
装帧设计　刘　哲
出版发行　江苏凤凰文艺出版社
　　　　　南京市中央路 165 号，邮编：210009
网　　址　http://www.jswenyi.com
印　　刷　北京中科印刷有限公司
开　　本　787 毫米 ×1029 毫米　1/32
印　　张　8
字　　数　180 千字
版　　次　2020 年 9 月第 1 版
印　　次　2020 年 10 月第 3 次印刷
书　　号　ISBN 978-7-5594-4310-6
定　　价　45.00 元